Dietz Berlin / Analysen

Sabine Nuss

Wessen Freiheit, welche Gleichheit?

Das Versprechen einer anderen Vergesellschaftung

Dietz Berlin

Editorische Vorbemerkung:
Wo Personen im marxschen Sinne als »Charaktermasken« auftreten, das heißt unter Absehung all ihrer Besonderheit, steht nur das generische Maskulinum.

Bibliografische Informationen der Deutschen Nationalbibliothek.
Die Deutsche Nationalbibliothek verzeichnet diese Publikation in der Deutschen Nationalbibliografie; detaillierte bibliografische Daten sind im Internet über http://dnb.dnb.de abrufbar.

Gefördert von der Rosa-Luxemburg-Stiftung

1. Auflage 2024

Franz-Mehring-Platz 1
10243 Berlin

Gestaltung: Andreas Homann
Satz: Kerstin Davies
Lektorat: TEXT-ARBEIT/Stephan Lahrem
Druck und Bindung: Standart Impressa, Vilnius
Printed in Lithuania
ISBN 978-3-320-02413-0

SABINE NUSS ist Politologin und Publizistin. Nach ihrer Ausbildung zur Redakteurin an der Journalistenschule Axel Springer in Hamburg studierte sie Politikwissenschaften an der Freien Universität Berlin und promovierte über Eigentum im informationellen Kapitalismus. Sie ist Herausgeberin und Autorin verschiedener Bücher zur Analyse und Ideologie des Privateigentums sowie zur Digitalisierung im Kapitalismus. Sie war Leiterin der Politischen Kommunikation bei der Rosa-Luxemburg-Stiftung und zuletzt Geschäftsführerin des Karl Dietz Verlags. Heute lebt sie als freie Autorin, Speakerin und Podcasterin in Berlin. Ihre Arbeiten sind dokumentiert unter: sabinenuss.de.

Inhalt

Einleitung

Vor einem Jahr erzählte mir eine Freundin, nennen wir sie Karola, sie habe Geld geerbt. Von ihrem verstorbenen Vater. Es sei nicht allzu viel, aber doch zu viel, um es von der Inflation auffressen zu lassen. Renditegetriebene Aktien oder Fondsanteile kaufen wolle sie nicht und die Verzinsung auf dem klassischen Sparkonto sei ein Witz. Sie überlege daher, eine Wohnung zu kaufen. Nicht, um selbst einzuziehen. Sie wohne ja günstig. Sondern um für ihr Alter vorzusorgen. Sie sei jetzt schon Mitte fünfzig und müsse da irgendetwas tun. Der Blick auf den jährlichen Rentenbescheid trübe eher die Aussichten.

Einige Monate später habe ich sie wieder getroffen. Ob sie mittlerweile eine Wohnung gekauft habe, fragte ich sie. Ja, fast, sie sei mitten in den Verhandlungen mit der Immobilienmaklerin. Sie habe mehrere Wohnungen angeboten bekommen und besichtigt. Sie habe sich nicht wirklich gut gefühlt dabei. Da Karola sich keine teure Wohnung leisten konnte, war sie in der Regel auf Mieterinnen getroffen, deren Einnahmen so gering waren, dass sie eine Mieterhöhung kaum verkraftet hätten, von der Suche nach einer neuen Wohnung – bei möglicher Eigenbedarfskündigung – ganz zu schweigen, vom Verlust der vertrauten Umgebung sowieso. Da wegzumüssen, wo das Zuhause ist, für manche schon seit Jahrzehnten? Eine Zumutung.

Karola bat die Maklerin deswegen, ihr nur unvermietete Wohnungen anzubieten. »Die sind dann aber doch sehr viel teurer«, habe die erstaunt geantwortet. Zu teuer für Karola. Also schrieb sie der Maklerin eine Mail, sie möge bei jeder Besichtigung den betroffenen Mieterinnen vorab versichern, dass sie, die Kaufinteressentin, weder vorhabe, die Miete zu erhöhen, noch plane, selbst einzuziehen. Der Gedanke, dass sie für jemanden Grund schlafloser Nächte sein könnte, war für sie selbst Grund schlafloser Nächte.

Die Beruhigung der Maklerin, so erzählte Karola, habe nur wenig geholfen, die Mieterinnen seien ihr bei jeder Wohnungsbesichtigung verunsichert begegnet. Manche hätten sie zu Kaffee und Kuchen eingeladen in der Hoffnung, so mutmaßte Karola, sie würde dann Abstand nehmen von dem, was ihr gutes Recht wäre, wenn sie Eigentümerin werden würde.

Karola fand schließlich eine Wohnung. Ein Rentnerehepaar Jahrgang 1950 wohnte darin. »Da kommen wir uns sicher nicht in die Quere«, lachte sie, als sie mir davon berichtete. Man könne ja doch nie wissen, vielleicht müsse sie im Alter selbst mal da einziehen. Dann verstummte sie. »Solche Gedanken, dass man den Tod von Leuten einberechnet in die Abwägung. Nicht schön.«

Karolas Geschichte ist kein Einzelfall. Immer wieder habe ich von Leuten ihrer Generation gehört, die von ihrer Rente nicht viel zu erwarten haben, ein wenig erben oder angespart haben und nun überlegen, wie sie es so parken, dass es nicht weniger wird, dass es zumindest sicher liegt. Im besten Falle soll es sogar mehr werden, eine kleine Rendite abwerfen. Es gibt derzeit viele Möglichkeiten, sein Geld »anzulegen«, wobei oft undurchsichtig bleibt, woher die erhoffte Geldvermehrung stammt. Zwar heißt es in der Werbung »Geld arbeitet« oder »Lassen Sie Ihr Geld arbeiten«, aber das sind typische Mystifizierungen der vermeintlich aufgeklärten bürgerlichen Gesellschaft. Geld arbeitet nicht – Menschen arbeiten.

Im Fall der Vermietung ist es ziemlich deutlich, woher die Vermehrung des eingesetzten Kapitals kommt. Hier wird das Lebenseinkommen der einen, der Mieterinnen, dadurch weniger, dass es das Lebenseinkommen der anderen, der Vermieter, mehrt. Das Verhältnis zwischen Karola und ihren betagten Mietern ist rein instrumentell. Nur das partikulare Interesse, der Eigennutz von Karola, hat sie mit dem Ehepaar zusammengebracht. Sie wären sich sonst wahrscheinlich nie begegnet. Es ist eine sachliche Beziehung, eine, die über Vertrag und Geld abläuft, bei der Gefühle keinen Platz haben (sollen). Es ist Privatsache jeder Einzelnen, ob in diese rein sachlichen Beziehungen Empathie hineinspielt (Karolas schlechtes Gewissen) oder ob man die Achseln zuckt und sagt, so ist sie nun mal, diese Welt, das ist nicht mein Problem.

Es ist der Persönlichkeit des Einzelnen überlassen, ob er sich in solchen Situationen und Strukturen teilnahmsvoll verhält oder ob er tut, was ihm nahegelegt wird: gleichgültig auf Kosten anderer leben, angesichts der falschen Annahme, mit ihm habe all dies nichts zu tun.

Aber diese Welt ist nicht einfach, wie sie halt ist, natürlich und ewig. Sie ist geworden und sie wird gemacht. Von uns allen. Die Naturalisierung der herrschenden Verhältnisse (»das ist doch ganz natürlich, das war doch schon immer so«) ist allerdings eines der großen Hindernisse für gesellschaftliche Veränderung. Das zeigt sich besonders plastisch an der Ideologie des Privateigentums. Und um sie und ihre Auswirkungen soll es im vorliegenden Buch gehen, das eine überarbeitete und stark erweiterte Neuauflage meines im Oktober 2019 erschienenen Buchs »Keine Enteignung ist auch keine Lösung« ist.

Als das Buch vor etwas mehr als vier Jahren erschien, hatte die Berliner Bürgerinitiative »Deutsche Wohnen & Co enteignen« gerade die erste Hürde des von ihr organisierten Volksbegehrens genommen: 77 100 Unterschriften hatte sie gesammelt, um überhaupt einen Volksentscheid beantragen zu können. Weit mehr, als vorgeschrieben war.[1] Die Bürgerinnen und Bürger Berlins sollten darüber entscheiden können, ob der Senat ein Gesetz zur Vergesellschaftung von Immobilienkonzernen erarbeiten soll. Im Fokus standen Unternehmen, die mehr als 3000 Wohnungen allein in Berlin besitzen und sie vermieten, um damit Geld zu verdienen. Dazu gehört auch der Konzern Deutsche Wohnen mit mehr als 100 000 Wohnungen in der Hauptstadt. Von ihm lieh sich die Kampagne

1 Deutsche Wohnen & Co enteignen (Hrsg.): Wie Vergesellschaftung gelingt. Zum Stand der Debatte, Berlin 2022, S. 24. Eine genaue Schilderung der Kampagne findet sich bei Ralf Hoffrogge: Vergesellschaftung von Wohnraum – Die Initiative »Deutsche Wohnen & Co enteignen« und ihr Volksentscheid, in: Hermann K. Heußner/Arne Pautsch/Frank Rehmet/Lukas Kiepe (Hrsg.): Mehr direkte Demokratie wagen. Volksentscheid und Bürgerentscheid: Geschichte – Praxis – Vorschläge, 4. Aufl., Reinbek 2024, S. 295–308.

ihren Namen. Das Geschäftsmodell der Immobilienunternehmen war in die Kritik geraten, weil es als einer der Treiber der exorbitant gestiegenen Mieten galt. Mit einem Schlag hatte die Kampagne mit dem Ruf nach Enteignung die Eigentumsfrage auf die Tagesordnung gesetzt und eine hitzige Debatte ausgelöst. Das war einer der Anlässe, warum ich damals dieses Buch schrieb. Ich wollte mir genauer anschauen, was die Kritiker der Enteignungskampagne stillschweigend voraussetzten, wenn sie sich darüber empörten. Seither ist vieles passiert, so viel, dass eine Neuauflage des nun schon länger vergriffenen Buchs über eine bloße Aktualisierung der Fakten hinausgehen sollte.

Laut und schrill waren seinerzeit jene Stimmen, die die geltende Ordnung des Privateigentums in Gefahr sahen und zu ihrer Verteidigung aufriefen. Schließlich beruhe, so die Argumentation, doch auf ihr der materielle Reichtum der Gesellschaft. Sie wiederholten also einmal mehr ein altes Versprechen: Privateigentum, so lautet es kurz gefasst, gewähre im Gegensatz zu gemeinschaftlichen Formen des Eigentums größere Freiheit, mehr Autonomie des Individuums; das befördere den Anreiz, aus den gegebenen knappen Ressourcen etwas zu machen; es sei daher effizienter und führe zu Wachstum und Wohlstand, was der ganzen Gesellschaft zugutekomme.

Das Versprechen des Privateigentums ist allerdings vergiftet, denn der erzielte Wohlstand ist höchst ungleich verteilt und das Wachstum bringt den Planeten Erde mittlerweile an für Menschen existenzielle Grenzen. Nichtsdestotrotz gilt das Versprechen des Privateigentums als unumstößlich und allgemein gültig; es ist zu einem der hartnäckigsten und am weitesten verbreiteten Mythen unserer Zeit geronnen; es trifft im Alltagserleben auf eine gewisse Plausibilität, was seine Stärke fördert; es stößt kaum auf entkräftende Gegenargumente; es hat eine ideologische Funktion – und das nicht zufällig –, seit es die kapitalistische Produktionsweise gibt, denn es ist, könnte man sagen, ihr intellektuelles Schmiermittel.

Seit wann aber gibt es dieses Versprechen und woher kommt es? Was genau verspricht es? Was löst es ein, was nicht und warum tut es das nicht? Was ist mit Privateigentum gemeint?

Von welcher Effizienz ist die Rede? Welche Freiheit beinhaltet das Versprechen, welche nicht? Warum ist diese Erzählung so wirkmächtig? Kurz: Was ist dran an dem Versprechen des Privateigentums? Erst wenn diese Fragen beantwortet sind, so lautete mein damaliges Argument, kann man über Enteignung sinnvoll reden. Welche Dimensionen hat Enteignung? Wer enteignet wen? Und vor allem: Warum ist vor dem Hintergrund der skizzierten Probleme keine Enteignung auch keine Lösung?

Viele, die zu den Vorstellungen meines Buches gekommen sind, waren dem Titel gegenüber skeptisch eingestellt oder standen ihm ablehnend gegenüber. Enteignung? Damit kann man doch niemanden gewinnen. Einer der Veranstalter sagte mir, es wären bestimmt mehr Leute gekommen, hätten wir einen anderen Titel gewählt. Dieser Haltung begegnete ich vor allem in den kleineren Ortschaften, außerhalb der urbanen Zentren. Enteignung schreckt ab, vor allem im Osten, so sagte man mir. Dabei geht es gar nicht um Enteignung im streng juristischen Sinne, sondern um Vergesellschaftung. Enteignung ist eine staatliche Handhabe, die im Grundgesetz (GG) in Artikel 14 Absatz 3 vorgesehen ist und regelmäßig zur Anwendung kommt, beispielsweise beim Bau von Autobahnen oder beim Abbau von Kohlevorkommen, wo Landeigentümer wenn nötig enteignet werden.[2] Dagegen findet sich Vergesellschaftung im Artikel 15 GG als eine politische Maßnahme, die zwar seit Geltung des Grundgesetzes 1949 als Möglichkeit verankert ist, aber noch nie angewandt wurde. Die Ausführungen zu diesem Grundgesetzartikel sind angesichts seiner politischen Tragweite, so Verfassungskommentatoren, recht »spärlich«,[3] da er gerade einmal zwei Sätze umfasst: »Grund und Boden,

2 Das Bündnis für Umverteilung »Wer hat, der gibt« hat auf der Website »enteignungspartei.lol« Zahlen und Fakten zu Enteignungsverfahren in Deutschland zusammengetragen. Im Zeitraum von 2009 bis Mai 2020 fanden demnach bundesweit insgesamt 1647 Enteignungsverfahren im Zusammenhang mit dem Bau von Autobahnen und Bundesstraßen statt. Die meisten Enteignungsverfahren gab es in unionsgeführten Bundesländern.

3 Durner, GG. Art. 15 Rn 15–28, in Theodor Maunz/Günter Dürig (Hrsg.) Kommentar zum Grundgesetz, München, Loseblattsammlung, 90. Ergänzungslieferung, Stand: Februar 2020.

Naturschätze und Produktionsmittel können zum Zwecke der Vergesellschaftung durch ein Gesetz, das Art und Ausmaß der Entschädigung regelt, in Gemeineigentum oder in andere Formen der Gemeinwirtschaft überführt werden. Für die Entschädigung gilt Artikel 14 Abs. 3 Satz 3 und 4 entsprechend.« Grob gesprochen geht es hier um die Umwandlung privater, eigennütziger Verfügungsmacht über die Mittel des Lebens in eine öffentliche und gemeinnützige Verfügungsmacht. Eine in der Tat weitreichende Norm.

Die Initiatorinnen und Initiatoren der Kampagne »Deutsche Wohnen & Co enteignen« zielten nicht von Anfang an auf Vergesellschaftung oder Sozialisierung (was synonym zu verstehen ist). Sie entschieden sich zunächst spontan für den emotional aufgeladenen Begriff Enteignung. Denn die Mieterinnen und Mieter waren wütend. Sie fühlten sich den großen Immobilienkonzernen ausgeliefert. Nicht nur, dass die Mieten erhöht wurden und das sowieso sinkende oder geringe Einkommen auffraßen, zugleich vernachlässigten diese großen Vermieter Maßnahmen zur Instandhaltung und waren, so die oft gehörte Klage, nicht erreichbar, wenn mal die Heizung ausfiel oder andere Mängel das Wohnen erschwerten. Genau weil die Forderung »enteignen« polarisiert, hielt man diesen Begriff für zielführend. Er sollte mobilisieren, der Wut und der Ohnmacht ein Ventil geben. Erst später, als sich die Aktivistinnen und Aktivisten aufmachten, zu prüfen, auf welcher juristischen Grundlage ihre Forderung umgesetzt werden könnte, stießen sie auf die Möglichkeit nach dem besagten Artikel 15 im Grundgesetz.

Nachdem die Initiative in einem zweiten Schritt 359 063 Unterschriften bis Juni 2020 für die Einleitung eines Volksentscheids gesammelt hatte (wieder weit mehr als erforderlich), war klar, dass ein Referendum kommen würde. Angesichts der damals bevorstehenden Landtagswahl erklärte die Berliner Spitzenkandidatin der SPD Franziska Giffey: »Für mich ist das Thema Enteignung schon eine rote Linie.«[4] Die aus dem

4 Christian Bangel: Franziska Giffey. Die Sauberfrau, in: Die Zeit, 22.9.2021.

Osten stammende Politikerin gab zu bedenken, sie selbst habe gesehen, was Enteignung mit Menschen mache. In einer Stadt, so fügte sie mit betroffener Miene hinzu, die solch ein Signal sende, wolle sie nicht leben. Auch Liberale und Konservative machten mobil und warfen der Kampagne vor, sie würde die DDR oder wahlweise den Gulag[5] zurückhaben wollen.

All diese Polemik verfing nicht. In dem parallel zur Wahl zum Abgeordnetenhaus durchgeführten Referendum sprachen sich über eine Million Menschen für die Vergesellschaftung der Immobilienkonzerne aus (59,1 Prozent der gültigen Stimmen). Giffey wurde Regierende Bürgermeisterin und der rot-grün-rote Senat berief – in Teilen eher widerwillig als erfreut – eine Expertenrunde ein: die »Kommission zur Vergesellschaftung großer Wohnungsbestände«. Ein ganzes Jahr sollten 13 Fachleute prüfen, ob und wie eine von den Bürgerinnen und Bürgern gewünschte Vergesellschaftung verfassungskonform umzusetzen wäre.[6] In der politisch paritätisch besetzten Kommission saßen elf Professorinnen und Professoren der Disziplinen Infrastrukturwirtschaft, Politik, Öffentliches Recht und Europarecht, Geografische Stadtforschung, Staats- und Verwaltungsrecht, Arbeits- und Sozialrecht, Neuere Rechtsgeschichte, ein ehemaliger Richter am Bundesverfassungsgericht sowie die Vorstandsvorsitzende einer Bank.

Irgendwann haben dann auch die Medien verstanden, dass es juristisch gar nicht um Enteignung ging, sondern um einen ganz anderen Sachverhalt. Der Jurist Georg Freiß publizierte im Januar 2023 schließlich einen Text im renommierten Portal »Verfassungsblog« mit der programmatischen Überschrift »Eigentumsverhältnisse sind antastbar«. Er diskutierte darin eine weitere Initiative namens »RWE & Co enteignen«, die die Demokratisierung des Energiesektors anstrebt. Auch

5 Don Alphonso: Wer Enteignung sagt, muss auch Gulag sagen, in: Die Welt, 12.4.2019.

6 Vertreter der Initiative hielten das für eine Verschleppungstaktik; zudem soll die Arbeit der Kommission von der Koalition eher erschwert als unterstützt worden sein; vgl. Hoffrogge: Vergesellschaftung von Wohnraum, sowie Sabine Nuss: Abschlussbericht. Vergesellschaftung großer Wohnungsunternehmen möglich – Artikel 15 lebt!, in: Der Freitag 27/2023.

diese Kampagne bezieht sich auf Artikel 15 GG. Seit »Deutsche Wohnen & Co enteignen« den Begriff Vergesellschaftung auf die öffentliche Agenda gesetzt habe, so schrieb Freiß, nehme die Vergesellschaftungsidee an Fahrt auf. Freiß zufolge sei eine gerechte und nachhaltige Stromversorgung gemeinwirtschaftlich zu gestalten, was durchaus von der Verfassung gedeckt sei: »Die RWE Power AG ist somit ein in allen Belangen geeignetes Sozialisierungsobjekt.«[7] Und noch eine Initiative ist öffentlichkeitswirksam in Erscheinung getreten: »Hamburg enteignet«. Auch hier sollen die Bürgerinnen und Bürger der Stadt über die Vergesellschaftung von Immobilienkonzernen abstimmen können.

Im Februar 2023 mussten die Berlinerinnen und Berliner erneut an die Urne. Wegen zu vieler Pannen bei der vorherigen Wahl zum Abgeordnetenhaus musste sie wiederholt werden. Die Abstimmung zur Vergesellschaftung war davon allerdings nicht betroffen. Die Expertenkommission setzte ihre Arbeit fort, lud Fachleute ein, stellte die Vorträge und Diskussionsprotokolle online, die ernsthafte Debatten dokumentierten, oft trockene Materie, juristisches Tauziehen zwischen sich widerstreitenden verfassungsrechtlichen Auslegungen.

Durch die Neuwahl kam eine Koalition aus CDU und SPD an die Regierung, die, so die Befürchtung bei vielen Aktivistinnen und Sympathisanten der Kampagne, das Aus für das Vergesellschaftungsprojekt bedeuten würde. Der schwarz-rote Koalitionsvertrag beinhaltete dann aber einen Passus, der für Überraschung und Skepsis zugleich sorgte: Falls die Expertenkommission eine Empfehlung zur Vergesellschaftung abgebe, wolle die Koalition ein »Vergesellschaftungsrahmengesetz« verabschieden, so stand es da geschrieben. Man wolle Kriterien für eine Vergesellschaftung nach Artikel 15 GG finden, und zwar nicht nur für Wohnen, sondern auch in den »Geschäftsfeldern der Daseinsvorsorge«, wie zum Beispiel Wasser und Energie. Die FDP empörte sich daraufhin erwartungsgemäß über

7 Georg Freiß: Eigentumsverhältnisse sind antastbar. Über die mögliche Vergesellschaftung von RWE, in: Verfassungsblog, 26.1.2023.

vermeintliche »Massenenteignungen«,[8] während die Aktivistinnen ebenfalls Kritik übten und von einem »wirkungslosen Rahmengesetz zur Verschleppung«[9] sprachen. Symbolpolitik sei dies. Man traute der Koalition nicht. Nur die Vorsitzende der Vergesellschaftungskommission, Herta Däubler-Gmelin, zeigte sich zufrieden und begrüßte die Ankündigung im Koalitionsvertrag.

Der Artikel 15, so formulierte es ein Verfassungsrechtler in kritischer Absicht im Kommentar zum Grundgesetz mit Blick auf die aktuellen Debatten, sei aus dem Dornröschenschlaf gerissen worden.[10] Die Idee der Vergesellschaftung oder Sozialisierung der Produktionsmittel war die Kernforderung der Arbeiterbewegung gewesen, vom letzten Drittel des 19. Jahrhunderts bis in die Weimarer Republik hinein. Die Diskussionen darum, die Streiks dafür, die Versuche, die Forderung Realität werden zu lassen, spitzten sich nach dem Ersten Weltkrieg und der gescheiterten Novemberrevolution zu. Das Anliegen fand Eingang in die Weimarer Reichsverfassung, blieb aber ebenso ohne Anwendung wie nach der Aufnahme ins Grundgesetz der Bonner Republik. Diese Sachverhalte, auf die noch näher einzugehen sein wird, machen deutlich, dass die Arbeiterbewegung nicht allein für die Demokratie in der politischen Sphäre gekämpft hat, sondern auch für Demokratie in der Sphäre der Wirtschaft. Ein Aspekt, der regelmäßig untergeht bei offiziellen Demokratiefeiern und entsprechenden Gedenktagen.

Man kann das Wiedererwachen der Vergesellschaftungsidee im 21. Jahrhundert lesen als Reaktion auf 30 Jahre forcierte Privatisierung, auf den Siegeszug einer Ideologie, die den Menschen die Ordnung des Privateigentums ungeachtet ihrer destruktiven Auswirkungen für die beste aller möglichen Welten verkauft. Schon die verfassungsmäßige Möglichkeit der Vergesellschaftung war weitgehend in Vergessenheit geraten. Nur

8 Zitiert nach: Timm Kühn: Enteignung unter Schwarz-Rot in Berlin, in: tageszeitung, 4.3.2023, https://taz.de/Enteignung-unter-Schwarz-Rot-in-Berlin/!5919640/.

9 https://dwenteignen.de/aktuelles/stand-der-kampagne

10 Durner, in: Maunz/Dürig, GG, Art. 15 Rn. 1–4.

die FDP erinnerte immer mal wieder daran, indem sie in unregelmäßigen Abständen die Streichung des Artikels 15 aus dem Grundgesetz beantragte.

Vier Monate nach der Bekanntgabe des schwarz-roten Koalitionsvertrags in Berlin überreichte Herta Däubler-Gmelin am 28. Juni 2023 im Roten Rathaus dem amtierenden Regierenden Bürgermeister den Kommissionsbericht. Der Inhalt war eine Überraschung, mehr noch: ein Paukenschlag. Denn er enthielt eine klare Empfehlung zur Vergesellschaftung. Zumindest konnte man das so lesen.

Eine der zentralen Aussagen des Berichts war, dass man mit einer Vergesellschaftung des von den großen Immobilienkonzernen gehaltenen Wohneigentums die Explosion der Mieten in Berlin stoppen könne.[11] Sofern das Vorhaben wie geschätzt knapp 222 000 Wohnungen umfasse, beträfe die Vergesellschaftung rund 13,5 Prozent der gut 1,6 Millionen Mietwohnungen in Berlin. Es sei angesichts dieser Größenordnung nicht unwahrscheinlich, dass das Vorhaben – jedenfalls mittelfristig – auch im nicht vergesellschafteten Bestand mietpreisdämpfende Effekte zeitigen würde. Der Grund: Die günstigeren Mieten im vergesellschafteten Bestand würden in die Berechnung der ortsüblichen Vergleichsmiete einfließen. Die Mieten würden im vergesellschafteten Bestand schon deshalb sinken, weil sie nicht mehr der Vermehrung von Aktionärskapital dienen müssten. Eine Anstalt öffentlichen Rechts oder ein anderer Träger des gemeinwirtschaftlich zu bewirtschaftenden Eigentums wäre als Vermieterin dauerhaft dem Gemeinwohl verpflichtet. Der Anteil der Miete entfiele, der bei gewinnorientierten Wohnungsunternehmen die angestrebte private Rendite ausmache.

Da laut Kommission gegenwärtig keine Wege ersichtlich seien, die eine vergleichbare Wirkung hätten, wird die Überführung der Immobilienbestände der Großkonzerne in Gemeineigentum von den meisten Kommissionsmitgliedern als geradezu erforderlich betrachtet. Nur drei Kommissions-

11 Expertenkommission zum Volksentscheid: Vergesellschaftung großer Wohnungsunternehmen. Abschlussbericht, Juni 2023, Berlin 2023, S. 47.

mitglieder äußerten Zweifel an der Verhältnismäßigkeit einer Vergesellschaftung und haben ein Sondervotum abgegeben.[12]

Auch was das Thema Neubau angeht, rechnete die Kommission mit einem gebetsmühlenartig vorgetragenen Mythos ab: Eine »verstärkte Neubautätigkeit stellt keine Alternative dar, um das Ziel der Verbesserung der dauerhaften Versorgung mit bezahlbaren Wohnungen zu erreichen«.[13] Das heißt nicht, dass die Kommission Neubau für unnötig hielte, im Gegenteil, aber auch hier sieht sie in der Vergesellschaftung eine Möglichkeit, Nachverdichtung und Aufstockung im betroffenen Bestand, aber perspektivisch auch bezahlbaren Neubau zu erleichtern.

Auch wenn der Bericht der Kommission von der gesellschaftlichen Linken bislang kaum aufgegriffen worden ist: das Thema Vergesellschaftung könnte einer der Schlüssel nicht nur zur Überwindung der Wohnungskrise sein. Dafür ist es sinnvoll, sich noch einmal die Tradition der Vergesellschaftungsforderung zu vergegenwärtigen und im Anschluss daran zu fragen, welches Potenzial in den neuerlichen Kämpfen für Vergesellschaftung liegen könnte, und zwar im Hinblick auf eine emanzipatorische postkapitalistische Gesellschaft.

Für die vorliegende Neuauflage des Buches wurden einige Passagen korrigiert, andere stark erweitert und um vertiefende Argumentation ergänzt. Neu ist die Auseinandersetzung mit Vergesellschaftung als theoretischem Konzept vor dem Hintergrund der historischen Vergesellschaftungsdebatte. Bis auf wenige Korrekturen nahezu unverändert geblieben sind die Abschnitte über das Versprechen des Privateigentums und die Spuren des Eigentums. Diese Teile haben an Aktualität nichts eingebüßt, denn die herrschende Ideologie des Privateigentums verschließt nach wie vor den Raum, in dem Alternativen nicht nur denkbar, sondern auch hegemonial werden könnten.

12 Ebd., S. 14.

13 Ebd., S. 48.

1 — Das Versprechen des Privateigentums

Zu den Verteidigern der herrschenden Ordnung des Privateigentums gehören nach wie vor nicht nur die Vertreter der »Kapitalseite« sondern auch Politikerinnen und Politiker aller Parteien, vor allem aber der rechtsliberalen und konservativen; dazu zählen noch die Arbeitgeberverbände, nicht wenige Arbeitnehmervertreter und verschiedene Organisationen der Zivilgesellschaft ebenso wie Theologinnen und Verfassungsrechtler. Viele melden sich angesichts der Debatten um Enteignung oder Vergesellschaftung zu Wort und verteidigen besorgt die gegenwärtige Privateigentumsgarantie als Bestandteil der freiheitlich-demokratischen Grundordnung, der wir Wachstum, Wohlstand und Freiheit zu verdanken hätten. Dabei wird in aller Regel eher unspezifisch von Eigentum oder Privateigentum gesprochen. Das verschleiert den – wie noch zu zeigen sein wird – zentralen Unterschied zwischen *produktivem Eigentum* und *konsumtivem Eigentum*. Das erste bezeichnet die Verfügungsgewalt über die Mittel, mit denen eine Gesellschaft sich erhält und reproduziert (Produktionsmittel, Rohstoffe, Grund und Boden etc.), nur das ist *Privateigentum*. Das zweite beschreibt die Verfügungsgewalt über die Mittel, die dem individuellen Konsum dienen, das ist das *persönliche Eigentum*. Die im vorliegenden Buch geübte Analyse und Kritik des Eigentums bezieht sich auf Privateigentum, nicht auf persönliches Eigentum.

Das Versprechen des Privateigentums beruht per se und unterschiedslos auf der Annahme, dass die Wirtschaftssubjekte, wenn sie sich die Früchte ihrer Arbeit privat, das heißt exklusiv, aneignen können, motivierter seien. Diese höhere Motivation sei wichtig, da die Ressourcen, gemessen an der Unbegrenztheit der menschlichen Bedürfnisse, knapp seien. Das erfordere einen »wirtschaftlichen«, also effizienten Umgang mit ihnen. Das private Eigentum sichere die individuelle Freiheit, die für die Entfaltung der Effizienz nötig sei. Die Wirtschaftssubjekte müssten zum Beispiel frei sein im Festsetzen der Preise, in der Bezahlung ihrer Mitarbeiterinnen und Mitarbeiter, in der Wahl ihres Standorts, in der Art und Weise ihrer Produktion, in der Suche nach dem besten Wettbewerbsvorteil und in vielem anderen mehr. Der Staat soll nur für einen entsprechenden Ordnungsrahmen sorgen. Grundsätzlich gilt dieser Anschauung: Je weniger staatliche »Fesseln« für das Privateigentum, desto freier die Preisbildung, desto effizienter der Markt; das wiederum führe zu mehr Wirtschaftswachstum und dieses komme allen zugute. Diese Erzählung ist ideengeschichtlich so alt wie die kapitalistische Produktionsweise selbst und hat inzwischen sogar höchste wissenschaftliche Anerkennung erfahren.

Nobelpreis für das Privateigentum

Die Theorie der Verfügungsrechte (Property Rights Theory) ist eine Art Unterabteilung der »neuen Institutionenökonomik«, eine seit den 1970er-Jahren aufstrebende Forschungsrichtung innerhalb der Volkswirtschaftslehre. Sie versteht sich als Fortentwicklung der sogenannten Neoklassik, der absolut dominierenden Richtung in den Wirtschaftswissenschaften, und wird mitunter auch die »Software des Neoliberalismus« genannt.[1] Sie steht gleichwohl seit Jahren aufgrund ihrer statischen und abstrakten Betrachtung der Wirklichkeit in der Kritik. So wird die Effizienz des Marktes auf der Basis von mathematischen Modellen behauptet, bei denen von so vielen relevanten Faktoren abgesehen werden muss, dass am Ende bezweifelt werden kann, ob das, was dann noch zählt, noch etwas mit der wirklichen Welt zu tun hat.

Einer der wichtigsten Vertreter der Theorie der Verfügungsrechte ist der 2015 verstorbene US-amerikanische Ökonom Douglass C. North. Er bekam 1993 den Nobelpreis für Wirtschaftswissenschaften, der allerdings nicht von Alfred Nobel,

1 Ingo Stützle: Hätte, müsste, sollte – die Kritik der Neoklassik, in: OXI-Blog, 21.6.2016.

sondern von der schwedischen Reichsbank gestiftet wurde und lediglich am Renommee des Nobelpreises teilhat. North' Forschungsfrage lautete, wie sich Wirtschaft historisch gewandelt hat. Weil die Neoklassik das mit ihren statischen Modellen nicht erklären konnte, entwarf North eine »neue Sicht der Wirtschaftsgeschichte«, wobei er zwei Grundannahmen der neoklassischen Vorstellungswelt beibehielt: Wirtschaftssubjekte strebten danach, ihren nach je individuellen Kriterien bestimmten Nutzen zu maximieren, und die den Nutzen befriedigenden Güter seien – gemessen an der Unbegrenztheit der Bedürfnisse – knapp. Historisch sah North in den verschiedenen Gesellschaften zwei unterschiedliche Logiken am Werk: Marktsteuerung oder hierarchische Lenkung. Ausgehend von diesem Setting kommen dann verschiedene Schlüsselbegriffe ins Spiel: Effizienz, Transaktionskosten und Anreiz.

Als »effizient« definiert North eine Wirtschaft, in der das nutzenmaximierende Verhalten der Subjekte zu einer »Ausstoßsteigerung«, also einer Zunahme der Produktion führt. Ist dies nicht der Fall, sei die Wirtschaft »ineffizient«.[2] Mit »Transaktionskosten« bezeichnet North den Aufwand, der beim Kauf und Verkauf von Gütern entsteht, also für »Abgrenzung, Schutz und Durchsetzung der Eigentumsrechte an Gütern«.[3] Dazu gehören der Preis für die Informationen über Größe, Qualität und Beschaffenheit eines Gutes, aber auch die Aufwendungen für die Erfüllung eines Vertrags. Je arbeitsteiliger eine Marktwirtschaft ist, desto größer werden diese Transaktionskosten, da die Tauschvorgänge immer komplexer und anonymer werden. Man muss sie also senken. North sieht die Lösung dafür in exklusiven Eigentumsrechten, »die dem Eigentümer etwas einbringen«, sie würden einen unmittelbaren Anreiz »zur Erhöhung von Effizienz und Produktivität«[4] bieten.

2 Douglass North: Theorie des institutionellen Wandels. Eine neue Sicht der Wirtschaftsgeschichte, Tübingen 1988, S. 7.

3 Douglass North: Institutionen, institutioneller Wandel und Wirtschaftsleistung, Tübingen 1992, S. 33.

4 North: Theorie des institutionellen Wandels, S. 93.

Nun besteht nach North aber immer die Gefahr, dass der Mensch (das nutzenmaximierende Individuum) zu »betrügen« versucht: »Aber man kann die Vertragserfüllung nicht als Selbstverständlichkeit betrachten. [...] ohne institutionelle Schranken wird selbstsüchtiges Verhalten komplexe Tauschvorgänge behindern.«[5] Vermeiden könne man Betrug nur, wenn die Tauschvorgänge als »gerecht« empfunden werden. Ob aber ein gesellschaftliches Tauschsystem für gerecht erachtet wird, also von den Beteiligten mit all seinen Regeln akzeptiert wird, hängt North zufolge von der herrschenden Ideologie ab. Die Ideologie könne nicht nur bewirken, dass die Individuen trotz ihres selbstsüchtigen Wesens nicht betrügen, sondern auch redliches Arbeitsverhalten fördern: »Der Unterschied zwischen Arbeitern, die ›fleißig‹ oder ›gewissenhaft‹ sind oder ›schwer arbeiten‹, und denen, die ›faul‹ oder ›ungeschickt‹ sind oder ›sich drücken‹, ergibt den Unterschied in deren Ausstoß als Folge davon, wie viel die ideologische Überzeugung zur Vermeidung von Drückebergerei beiträgt.«[6]

Es ist nicht schwer zu erkennen, dass hier die herrschende Ideologie des Privateigentums ausformuliert ist: »Effiziente Institutionen« sind gesicherte Eigentumsrechte; sie senken die Transaktionskosten und geben den einzelnen Individuen einen Anreiz, ihre Produktion und Produktivität zu erhöhen, was dann zu einer erhöhten Produktion der gesamten Wirtschaft führt.[7] So erklärt North die Beschleunigung des wirtschaftlichen Wachstums seit der jungsteinzeitlichen Revolution (dem Übergang von der Viehhaltung zur Agrarwirtschaft und Sesshaftigkeit) und seit der modernen industriellen Revolution. Länder, in denen gesicherte Eigentumsrechte durchgesetzt wurden oder werden, seien wirtschaftlich effizienter als solche, die über wenige oder keine gesicherten Eigentums-

5 North: Institutionen, S. 39.

6 North: Theorie des institutionellen Wandels, S. 48.

7 Bezüglich der Vertragserfüllung macht North diesen Zusammenhang nochmals deutlich: »Aber, wie ebenfalls schon betont, ist die Unfähigkeit von Gesellschaften, wirksam und mit geringen Kosten die Erfüllung von Verträgen zu sichern, die wichtigste Ursache sowohl historischer Stagnation wie auch der Unterentwicklung der Dritten Welt der Gegenwart.« (North: Institutionen, S. 65)

rechte verfügten. North gelang es damit, die herrschenden Annahmen über die positiven Effekte des Privateigentums als überhistorisch gültig zu etablieren. Das Versprechen des Privateigentums erfuhr so eine elaborierte Verankerung. North' Theorie wurde zum Stichwortgeber für politikwissenschaftliche Beratung und diente der Legitimation unter anderem bei der Umwandlung von Staatseigentum in Privateigentum in den Ländern, in denen ehemals Staatssozialismus geherrscht hatte.[8]

Ein bisschen mehr Wurst für alle

Als Michail Gorbatschow, der Generalsekretär der Kommunistischen Partei der Sowjetunion (KPdSU) und späterer Staatspräsident, ab Mitte der 1980er-Jahre mit »Perestroika« und »Glasnost« den Wandel des wirtschaftlichen und politischen Systems initiierte, nahm die Transformation des Staatseigentums eine zentrale Rolle ein. Den offiziellen Statistiken zufolge waren Anfang der 1930er-Jahre die Produktionsmittel zu 98,7 Prozent kollektiviert oder nationalisiert worden.[9] Stalin legitimierte die durchgeführten Enteignungen damit, dass dadurch »gesellschaftliches Eigentum« verwirklicht worden und der Werktätige der Eigentümer der Produktionsmittel geworden sei. Laut marxistisch-leninistischer Lehre sollte das eine völlig neue Einstellung der Menschen zur Arbeit und zur Arbeitsdisziplin bewirken.[10] De facto aber wurde ein staatlicher, repressi-

8 Auch die Armut im globalen Süden ist mit der Abwesenheit »gesicherter Eigentumsrechte« erklärt worden. Der wirkmächtigste Vertreter solcher Auffassungen ist der Wirtschaftswissenschaftler Hernando de Soto, Präsident des Instituts für Freiheit und Demokratie in Lima und ehemaliger Mitarbeiter der Welthandelsorganisation. De Soto sieht die Lösung der Armutsfragen im globalen Süden in der Durchsetzung von Eigentumsrechten und der Einführung von Marktwirtschaft. Bekannt wurde er mit seinem Buch »Freiheit für das Kapital!«

9 Peter Gey: Der Begriff des Eigentums bei Karl Marx. Zur Kritik des klassischen Eigentum-Paradigmas in der Theorie von Locke, Smith und Hegel, Frankfurt a. M. 1980, S. 24.

10 »Auf der Grundlage des gesellschaftlichen Eigentums tritt ein Wandel im Charakter der Arbeit ein. Frei von Ausbeutung ist sie Selbstverwirklichung des Menschen, Entfaltung seiner schöpferischen Potenzen, ist sie unmittelbarer und allgemeiner Natur.« (Politische Ökonomie des Kapitalismus und des Sozialismus. Lehrbuch für das marxistisch-leninistische Grundlagenstudium, Berlin 1976, S. 464)

ver Machtapparat etabliert, der auf einer zentral gesteuerten Kommando- und Befehlsstruktur basierte. Der sowjetische Staat bediente sich der Ressource Arbeit, um sie »der zentralen Planung und Leitung zu unterwerfen und sie gemäß den staatlichen wirtschaftspolitischen Zwecksetzungen zu lenken und zu kontrollieren«.[11] Die Parteiführung ordnete die gesamte Wirtschaftsweise einem Staatsziel unter, das zweierlei gewährleisten sollte: die eigene Herrschaft sichern und in der Systemkonkurrenz mit dem kapitalistischen Westen gewinnen.

Bereits in den 1950er-Jahren versuchte die sowjetische Führung, mit Reformen die Leistungskraft – die Effizienz – der Wirtschaft zu erhöhen und ihre Mängel – geringerer oder qualitativ minderwertiger Ausstoß – zu beseitigen. Die Frage war, wie der Werktätige motiviert werden könnte, um im Rahmen von Schwerstarbeit Militärgüter und Produktionsmittel zu produzieren und gleichzeitig auf viele Konsumgüter zu verzichten. Aufgrund der immer deutlicher hervortretenden Steuerungsdefizite der »Kommandowirtschaft« entstand über die Jahre eine Art Parallelwirtschaft, eine Aushandlungsökonomie, in der am Plan vorbei Ressourcen zugeteilt und angeeignet wurden. Bereits vor der Perestroika entwickelte sich so die Sowjetwirtschaft zu einer »Art Hybridprodukt aus dem zentralisierten planwirtschaftlichen und dem marktwirtschaftlichen System«.[12]

Gorbatschow hielt zu Beginn seiner Amtszeit noch daran fest, dass ein Sozialismus, der auf gesellschaftlichem Eigentum beruhe, die »schöpferische Kraft der Massen« sei, und sprach ihm »praktisch unbegrenzte Möglichkeiten für fortschrittliche ökonomische Prozesse« zu.[13] Andererseits aber wollte er all die »eingeschlafenen« Menschen aktivieren, sie interessieren und dahin bringen, dass »jeder Einzelne das Gefühl hat, er sei der Herr im Haus, in seinem Betrieb, Büro oder Institut«.[14]

11 Olaf Steffen: Die Einführung des Kapitalismus in Rußland. Ursachen, Programme und Krise der Transformationspolitik. Hamburg 1997, S. 78.

12 Tatjana Saslawskaja: Die Gorbatschow-Strategie, Wien 1989, S. 97.

13 Michail Gorbatschow: Perestroika, München 1989, S. 103.

14 Ebd., S. 33.

Erst unter Boris Jelzin wurde der vollständige Systemwechsel hin zur Marktwirtschaft mittels einer umfassenden nachholenden Privatisierung des ehemaligen Staatseigentums vollzogen. Gesellschaftliches Eigentum sollte von nun an bedeuten, alle zu Eigentümern zu machen. Vor allem das Anreizargument war Teil dieses ideologischen Sinneswandels. Jetzt erhoffte man sich von der Privatisierung der Staatsunternehmen »mächtige Motivationsstimuli der Arbeits- und unternehmerischen Tätigkeit«.[15]

In die Debatte über Entstaatlichung und Privatisierung brachte der 1. Sekretär des Moskauer Stadtkomitees der KPdSU, Juri Prokofjew, ein Versprechen ein, das bald als Allgemeinplatz die Volksvorstellung bestimmte: »Wenn alles privatisiert ist, dann werden alle ein bisschen mehr Wurst bekommen.«[16] Man glaubte dem Versprechen des Privateigentums, dass es eine effizientere Wirtschaft und Wohlstand für alle hervorbringen werde, wenn nur die Werktätigen endlich wirklich Eigentümer ihrer Produktionsmittel werden würden und damit die erhoffte Anreizfunktion greifen könne. Präsident Jelzin erklärte dementsprechend am 19. August 1992 im russischen Fernsehen, dass Russland »nicht nur eine Handvoll von Millionären, sondern Millionen von Eigentümern« benötige.[17] So erhielt jede Einwohnerin und jeder Einwohner einen Scheck über 10 000 Rubel, mit dem er oder sie Privatisierungsobjekte kaufen konnte. Damit wollte man sicherstellen, dass nicht nur die Belegschaften und Werksdirektoren, sondern auch die breite Bevölkerung und externe Investoren Anteile am russischen Betriebsvermögen erwerben konnten. Von der Möglichkeit, mit dem Voucher Anteile am Betriebsvermögen zu kaufen, machten jedoch nur rund 10 Prozent der Bürgerinnen und Bürger Gebrauch – der große Rest verkaufte sie mehrheitlich an Investmentfonds.

15 Manfred Trapp: Der dekretierte Markt. Die sozialistische Wirtschaftsordnung und ihre Transformation in der Sowjetunion und der Russischen Föderation 1985–1992, Baden-Baden 1994, S. 251.

16 Ebd., S. 253.

17 Zitiert nach: Steffen: Einführung, S. 280.

Im Ergebnis der umfassenden Privatisierung verteilte sich das Eigentum am Betriebsvermögen auf die ehemaligen Führungskader. »Die Alten sind die Neuen«, sagte man. Manch einer sprach von einer Erneuerung der ehemals herrschenden Bürokratie. Allerdings sollte diese nun nach privatwirtschaftlicher Logik, das heißt gewinnorientiert, arbeiten. Und die gesellschaftliche Ungleichheit erreichte mit der Einführung von Privateigentum in Russland ungeahnte Ausmaße. So hieß es im »Weltungleichheitsreport« aus dem Jahr 2021: »Der Übergang zum Kapitalismus in Russland hat auch zu einer verstärkten Anhäufung von Reichtum im Lande geführt. Seit Anfang der 1990er-Jahre ist der Anteil der obersten 10 % am nationalen Nettovermögen auf mehr als 70 % gestiegen, wodurch die Vermögensverteilung in Russland zu einer der am stärksten polarisierten der Welt geworden ist.«[18] Die reichsten 10 Prozent der Bevölkerung in Russland besitzen demzufolge 74 Prozent des gesamten Haushaltsvermögens.

Das Versprechen, die Wirtschaft mit der Umwälzung der Eigentumsverhältnisse effizienter zu machen, die Eigeninitiative und die Dynamik des Marktes zugunsten von Wachstum und Wohlstand zu befördern, war nicht nur der Soundtrack der Privatisierung in der Sowjetunion, sondern war auch mit den umfassenden Treuhand-Privatisierungen in der ehemaligen DDR verbunden. Und im Westen gehörte es spätestens ab der zweiten Hälfte des 20. Jahrhunderts zum Alltagsbewusstsein der Menschen.

Es geht jetzt nur noch ums Verkaufen

Das letzte Mal, als ich meinen Vater an seinem Arbeitsplatz besuchte, war er Leiter einer Postfiliale im Südwesten Baden-Württembergs. Das war Ende der 1990er-Jahre. Er stand im Eingangsbereich, neben ihm ein Regal mit Werbeartikeln, gelb, mit schwarzem Posthorn: Pralinen, Aufkleber, Spielzeug-Postautos und anderes mehr. Mein Vater hat sein gesamtes Berufs-

18 Lucas Chancel/Thomas Piketty/Emmanuel Saez/Gabriel Zucman (Hrsg.): World Inequality Report 2022, wir2022.wid.world/www-site/uploads/2021/12/WorldInequalityReport2022_Full_Report.pdf, S. 38.

leben bei der Post verbracht. Er begann als Handwerker, wurde dann mit einem Stipendium der Post Ingenieur und stieg in den sogenannten gehobenen Dienst auf. Er arbeitete in der posteigenen Hochbauabteilung, plante Sanitär- und Heizungsanlagen. Die gelbe Staatspost baute ihre Häuser noch selbst – bis die Privatisierung kam. Von da an wurde alles anders. Die Gebäude der Post wurden verkauft. Verscherbelt, sagte mein Vater. Er selbst musste umschulen, besuchte Managementseminare. Von da an sollte er mit Produkten wie Sparanlagen oder Riester-Renten Umsatz machen, es gab Zielvorgaben, und die Verkaufszahlen mussten regelmäßig nach oben gemeldet werden. Die Filialen standen im Wettbewerb, verbunden mit Rankings und Prämien. »Es geht jetzt nur noch ums Verkaufen«, sagte er manchmal. Einmal bekam er eine Prämie, weil seine Filiale die meisten Sparanlagen verkauft hatte. In einer »Eignungsprognose« wurde er gelobt, dass er »im besonderen Maße absatz- und vertriebsorientiert« sei.

Mein Vater musste auch Filialen schließen. Im ganzen südbadischen Breisgau war er unterwegs und erklärte den »Postlern« das Ende ihrer Arbeit: »Das ist nicht einfach, wenn die dann dasitzen und weinen. Was soll man da sagen?« Dass der Staat zu teuer sei, erklärte er dann. Zu aufgebläht. Ineffizient. So ein kleines Postamt in einem Schwarzwälder Dörfchen kostet, Betriebskosten und Personal. »Jetzt bin ich mal Kapitalist«, sagte er und rechnete vor, »das kostet 5000 DM im Monat, dann machen die nur 1000 DM Umsatz. Die hatten ja nicht immer zu tun.« Da sei mal die Oma vorbeigekommen, die 20 Mark für den Geburtstag der Enkelin abheben wollte. Das sei alles irgendwann nicht mehr gegangen. Manchmal berichtete die Lokalpresse über ihn. Es waren keine guten Artikel.

Anfang der 1980er-Jahre gab es in der alten Bundesrepublik noch rund 29 000 Postfilialen und Postämter, 35 Jahre später keine einzige posteigene Filiale mehr, dafür 13 000 private Postagenturen.[19] Mein Vater half, in Dörfern und Kleinstädten Postagenturen aufzubauen. »Postfilialen im Einzelhandel«

19 Zur Privatisierung der Post vgl. Tim Engartner: Staat im Ausverkauf. Privatisierung in Deutschland, Frankfurt a. M. 2016, S. 161.

nannte sich das Programm. Schreibwarengeschäfte, Tankstellen, Bäckereien, Kioske oder Supermärkte konnten sich dafür bewerben. Sie mussten in ihren Räumen kleine gelbe Verkaufsstellen einrichten und Dienstleistungen der Post anbieten. Sie bekamen Geld dafür. Nicht viel für den Aufwand, so lautet die Klage bis heute. Mein Vater organisierte einmal eine Schulung in einem Hotel im Schwarzwald. Eine Kollegin von der Postbank erklärte dort den frisch gebackenen Postagenten, wie man ein Sparbuch anlegt. Das Fachwissen zu erwerben, das war nicht einfach. Und ging nicht gut. Am Ende wurde die Angebotspalette reduziert.

Bis 1995 wurde die einstige Postbehörde sukzessive umgewandelt in die Deutsche Post AG, die Deutsche Telekom AG und die Postbank AG. Die Bilanz bei der Post ein Jahrzehnt später: Zwischen 1989 und 2006 strich die Deutsche Post AG rund 173 000 Stellen, 46 000 entstanden bei der neuen Konkurrenz. Die Beschäftigungsverhältnisse wurden unsicher, Vollzeitverträge durch Teilzeitverträge ersetzt, Leiharbeiter und Saisonkräfte eingestellt, und die Einkommensschere klaffte zunehmend auseinander: Hatte der Postminister früher etwa 15-mal so viel wie ein Briefträger auf dem Gehaltszettel, verdiente der ehemalige Konzernchef der Post AG Frank Appel im Jahr 2016 etwa 268-mal so viel.[20]

Der »schlanke Staat« war seinerzeit das Schlagwort, mit dem eine flächendeckende Privatisierungsoffensive eingeleitet wurde. Privatisierungsforscher sagen, die Aufspaltung der Bundespost ab 1989 markierte den Beginn einer groß angelegten Umwandlung der öffentlichen Infrastruktur. Sie etablierte eine veränderte Organisationsstruktur und eine neue Handlungslogik. Dass »die Privaten« mit ihrer Gewinnorientierung effizienter seien als der Staat, wurde in jener Zeit zum Gemeinplatz. Niemand konnte erklären, was das eigentlich ganz genau ist, Effizienz, aber jede und jeder wusste am Familientisch, in der Kneipe, auf dem Sportplatz eine Anekdote zu erzählen über eine Behörde, die sich zu viel Zeit ließ, über Formulare,

20 Ebd., S. 163.

die man für jeden Radiergummi ausfüllen müsse, oder über einen Beamten, der mal wieder mürrisch war.

Mit der Privatisierungswelle ging eine weitverbreitete Beamtenschelte einher. Die linke *tageszeitung* konstatierte im Jahr 2010, man habe »mufflige Beamte« zu »lächelndem Servicepersonal« erzogen. Mein Vater sagte, ja, da sei was dran. Als die Post noch unter staatlicher Ägide funktionierte, habe man die Kunden nicht bedient, sondern abgefertigt. Es habe damals noch kein Bewusstsein für Kundenservice gegeben, keine Schulungen, nichts. Auch der Leerlauf sei manchmal ein Problem gewesen. An manchen Stellen zu viel Personal, das führte mitunter zu Langeweile. Die Privatisierung habe dann neue Probleme geschaffen. Viele Kolleginnen und Kollegen seien mit dem Stress, den das neue Arbeitsregime mit sich brachte, nicht klargekommen. Sie ließen sich versetzen oder wurden krank.

Ob man die strukturellen Probleme einer Bürokratie oder staatlichen Behörde nicht anders als qua Privatisierung hätte lösen können, stand zu keiner Zeit zur Debatte. Die Meinung, privat sei effizienter, war zur fixen Idee geworden, hatte sich im Alltagsverstand eingenistet. Dort herrscht sie noch immer vor.

Die Überzeugung, dass privates Eigentum die Eigeninitiative mehr fördere als staatliches, dynamischer sei, der Markt es besser richte etc., das war nicht neu. Seit den ersten Jahrzehnten des 20. Jahrhunderts war sie im Rahmen einer gezielt organisierten Verbreitung neoliberaler Ideologie propagiert worden.[21] Neu war, dass diese Anschauung in der zweiten Hälfte des 20. Jahrhunderts flächendeckend praktisch wurde. Ludwig Erhard, der Bundeswirtschaftsminister der Nachkriegszeit, der einer hartnäckigen Legende nach Begründer der sozialen Marktwirtschaft gewesen sein soll,[22] stand prominent für das

21 Dieter Plehwe/Bernhard Welpen: Wissenschaftliche und wissenschaftspolitische Produktionsweisen im Neoliberalismus. Beiträge der Mont Pèlerin Society und marktradikaler Think Tanks zur Hegemoniegewinnung und -erhaltung, in: Prokla. Zeitschrift für kritische Sozialwissenschaft 115, 2/1999, S. 203–235.

22 Zur Entstehung des Leitbilds soziale Marktwirtschaft und zu den Hintergründen vgl. Uwe Fuhrmann: Die Entstehung der »Sozialen Marktwirtschaft« 1948/49. Eine historische Dispositivanalyse, Konstanz/München 2017.

wirtschaftsliberale Dogma »so wenig staatliche Eingriffe wie möglich, so viel freier Markt wie möglich«. Erhard erwartete sich seinerzeit bereits »höhere Effizienz« davon.[23]

In diesem Geiste wurden bereits ab 1959 einige große, in Staatseigentum befindliche Unternehmen teilprivatisiert, so zum Beispiel die Preussag, Volkswagen und die Vereinigte Elektrizitäts- und Bergwerks AG (VEBA). Ab den 1960er-Jahren bis zur großen Privatisierungsoffensive der 1990er-Jahre gab es eine Verschnaufpause, der öffentliche Sektor wurde eher ausgebaut. Es ist hier nicht der Ort, die unterschiedlichen Phasen von Liberalisierung und Privatisierung in Deutschland und Europa seit dem Ende des Zweiten Weltkriegs zu beschreiben, zu betonen ist jedoch, dass die Privatisierungswelle mit dem Ausbruch der Wirtschaftskrise in den 1970er-Jahren vor dem Hintergrund wachsender Staatsverschuldung ideologisch und praktisch vorbereitet und ab den 1990er-Jahren dann umgesetzt wurde.

Es ist kein Zufall, dass der schon lange existierende Diskurs über die größere Effizienz privater Verfügungsgewalt erst in dieser Zeit überall in die Praxis hineinwirkte. Wann sich ein Diskurs gesellschaftlich durchsetzt, ist nicht einfach eine Frage der geschickteren Medienpolitik oder der Einflussnahme auf mächtige Meinungsträger in Politik und Wirtschaft. Die Wirklichkeit muss dazu reif, der Boden gewissermaßen bereitet sein. Das war der Fall, als der Fordismus in eine Krise geriet und von einer neuen Phase des Kapitalismus, der neoliberal genannten, abgelöst wurde. Privatisierung wurde eines ihrer zentralen Kennzeichen. Ihre Rechtfertigung, das Versprechen auf Wachstum und Wohlstand, wird bis heute angeführt. So zum Beispiel, als der damalige Bundeswirtschaftsminister Peter Altmaier im Sommer 2018 bei der Ludwig-Erhard-Stiftung anlässlich des Jubiläums »70 Jahre Wirtschafts- und Währungsreform« die Festansprache hielt und Erhard dafür lobte, dass er seinerzeit die soziale Marktwirtschaft durchgesetzt habe: »Der Markt irrt sich natürlich auch. Aber der Unterschied ist: Wenn Günter Mittag [ZK-Sekretär der SED für Wirtschaftsfragen] sich irrte

23 Ebd., S. 269.

im zentralen Planbüro, dann mussten das 17 Millionen Bürger der damaligen DDR ausbaden. Wenn sich ein Unternehmer, ein Mittelständler, ein Handwerker, auch ein größerer, irrt, dann verschwindet er vom Markt. Und andere übernehmen sein Geschäftsfeld und seine Umsätze und machen diesen Fehler nicht mehr. Deshalb optimiert der Markt sich im Ergebnis, auch wenn einzelne Marktteilnehmer dafür bisweilen einen hohen Preis zahlen.«[24]

Hinter der Idee eines auf privater Initiative beruhenden, sich selbst regulierenden Marktes verbergen sich in diesem Verständnis einzelne Unternehmen und Selbstständige, die durch den Wettbewerb zur Innovation getrieben werden und damit ein ständiges Wachstum der Wirtschaft generieren. Ob sie Erfolg haben, entscheidet der Markt, der daher immer auch Verlierer, nicht nur Gewinner erzeugt. Aber das Verlieren ist in diesem Verständnis das gerechte Urteil des Marktes. Er ist es, der selektiert: die Guten ins Töpfchen, die Schlechten ins Kröpfchen.

Das ist sie, im Wesentlichen, die Weltsicht der liberalen und konservativen Politiker, der Unternehmer und ihrer Interessenvertreter, die den öffentlichen Diskurs beherrscht. Sie ist bis heute offizielle Regierungspolitik. So schreibt das Bundesfinanzministerium auf seiner Webseite: »Durch Privatisierung gewinnen Staat und Unternehmen Handlungsfreiheiten: Der Bund setzt Reformpotenziale frei, und die Unternehmen steigern ihre Effizienz, um sich im internationalen Wettbewerb zu positionieren«, weshalb das »Haushaltsrecht des Bundes« der »ökonomischen und politischen Grundüberzeugung« Ausdruck verleiht, dass »privater Initiative und Eigentümerschaft grundsätzlich Vorrang gegenüber Beteiligungen des Bundes zu geben ist«.[25]

Nach dem Zusammenbruch des Staatssozialismus begleitete das Versprechen des Privateigentums – befreit von jeder Systemkonkurrenz – die Expansion der kapitalistischen Pro-

24 Zitiert nach: Ludwig-Erhard-Stiftung: Wirtschaftspolitik für die Soziale Marktwirtschaft der Zukunft, 24.7.2018.

25 Bundesfinanzministerium: Privatisierungspolitik, https://www.bundesfinanzministerium.de/Web/DE/Themen/Bundesvermoegen/Privatisierungs_und_Beteiligungspolitik/Privatisierungspolitik/privatisierungspolitik.html.

duktionsweise im globalen Maßstab. Es ging als zentraler Bestandteil in eine als neoliberal bezeichnete Politik ein. Eine solche Politik beruhe explizit auf einem »Idealbild sich selbst regulierender freier Märkte«, die den Staat »durch eine Austeritätspolitik finanziell zurechtstutzt, mithilfe von Privatisierungen eine umfassende Entstaatlichung anstrebt und die Wirtschaft auf nationaler und internationaler Ebene liberalisiert und dereguliert«, so die treffende Zusammenfassung des Historikers Philipp Ther.[26] Aus der Vorgabe »mehr Effizienz« leitete sich die Forderung nach Privatisierungen ab. Das betraf »zunächst staatliche Unternehmen wie die Post, die Telefongesellschaften und die Eisenbahn und ergriff dann in den postsozialistischen Ländern die gesamte Staatswirtschaft«.[27] Die Durchsetzung des Privateigentums war die Voraussetzung für diesen Wandel, seine Verheißung, zu Wachstum und Wohlstand zu führen, die Legitimation.[28]

Das Versprechen des Privateigentums beinhaltet eine Vielzahl an Begriffen, die allesamt positiv konnotiert sind: Freiheit des Individuums, Autonomie, Effizienz, Anreiz, Eigeninitiative, unternehmerisches Handeln, Wachstum, Wohlstand, Demokratie, Verfassung, freiheitlich-demokratische Grundordnung etc. pp. Diese Werte erstrahlen umso heller, als den Kritikern des Privateigentums vorgeworfen wird, »Verstaatlichung« zu propagieren mit all den düsteren Assoziationen von zentraler Planwirtschaft, maroder Wirtschaft, verfallenen Häusern, Unfreiheit, Bürokratie, Unterordnung des Individuums unters Kollektiv, Lähmung, Initiativlosigkeit etc. Diese Praxis der Schwarz-weiß-Malerei ist Teil der harten Bandagen, mit denen im öffentlichen

26 Philipp Ther: Neoliberalismus, Docupedia.de, 5.7.2016.

27 Ebd.

28 Auch die Etablierung von privaten Eigentumsrechten bei digitaler geistiger Schöpfung wurde und wird bis heute so begründet. Das Thema »Geistiges Eigentum« wurde in der hier vorliegenden erweiterten Überarbeitung des Buchs »Keine Enteignung ist auch keine Lösung« gekürzt. Ausführlich dazu und kostenlos im Download erhältlich ist meine Dissertation: Copyright & Copyriot. Aneignungskonflikte um Geistiges Eigentum im informationellen Kapitalismus, Münster 2006, www.sabinenuss.de. Vgl. auch Tilman Reitz/Sebastian Sevignani/Marlen van den Ecker: Eigentum im digitalen Kapitalismus, in: Tanja Carstensen/Simon Schaupp/Sebastian Sevignani (Hrsg.): Theorien des digitalen Kapitalismus. Arbeit und Ökonomie, Politik und Subjekt, Berlin 2023, S. 264–285.

Raum gekämpft wird, wenn es um das Versprechen des Privateigentums geht, und macht es leicht, dessen negative Auswirkungen und gesellschaftliche Folgen zu überdecken.

Das vergiftete Versprechen

Als der real existierende Staatssozialismus zusammenbrach, prognostizierte der US-amerikanische Politikwissenschaftler Francis Fukuyama das Ende der Geschichte: Eine auf Privateigentum basierende Marktwirtschaft und Demokratie hätten sich nun endgültig weltweit durchgesetzt. Genauer: Die Überzeugung, dass eine Ordnung, die auf Privateigentum beruht, die beste aller möglichen Welten garantiere, finde fast überall Anerkennung.[29]

Man kann nicht sagen, dass sich damit eine Ideologie durchgesetzt hätte, die in der Realität auf ihr Gegenteil treffen würde. Gerade weil sich einige ihrer Grundannahmen im Alltag und in der Wahrnehmung der gesellschaftlichen Entwicklung bestätigen, kommt ihr eine gewisse Plausibilität zu. Zu diesen Erfahrungen gehören der Zusammenhang von Eigeninitiative oder größerer Sorge und Eigentum, zum Beispiel bei Eigentumswohnungen oder im Falle von Gewinnbeteiligungen von Mitarbeitern. Das Freiheitsversprechen wird bestätigt durch die Freiheit bei der Wahl von Beruf, Konsum, Reisen etc., wobei Güter und Dienstleistungen in allen Preisklassen im Angebot sind. Dazu passen die Volksweisheiten wie »Ohne Fleiß kein Preis« und »Jeder ist seines Glückes Schmied«.

Der frühere Parteivorsitzende von Bündnis 90/Die Grünen und heutige Bundeswirtschaftsminister Robert Habeck verteidigt den Kapitalismus mit dem Argument, dass er eine überlegene Form der Anerkennungskultur bereitstelle. Kapitalismus funktioniere so gut, »weil wir damit beweisen können, dass wir was Tolles hinkriegen, wir können uns überbieten, wir können uns messen«.[30] Zwar argumentiert auch der Soziologe

29 Francis Fukuyama: The End of History?, in: The National Interest 16, 1989, S. 3–18.

30 Robert Habeck, in: Frei, fair und lebendig. Die Macht der Commons, Video-Aufzeichnung der Veranstaltung zur Veröffentlichung des gleichnamigen Buches in Berlin, 10.5.2015, www.youtube.com/watch?v=zQKEksS8olI.

Hartmut Rosa ähnlich, wenn er davon spricht, dass Eigentum den Menschen zu Selbstwirksamkeit verhelfe – »Eigentum gibt mir einen Weltausschnitt, über den ich verfügen kann« –, und gesteht dem Kapitalismus »viel Dynamik und Kraft und Fortschritt« zu. Gleichwohl könne etwas nicht stimmen. »Also, wenn acht Männer genauso viel besitzen wie 50 Prozent der ärmeren Weltbevölkerung, dann habe ich ein ziemliches Problem mit der Anerkennungskultur.«[31]

»Selbstwirksamkeit« und »Anerkennungskultur« als positive Effekte des Privateigentums sind also zu hinterfragen, zumal es auch andere Erfahrungen gibt. Man kann beispielsweise keinen zwingenden Zusammenhang zwischen »Fleiß« und »Preis« feststellen, auch wenn man sich noch so sehr anstrengt. Der Aufstieg vom Tellerwäscher zum Millionär bleibt die Ausnahme. Auch die ökonomische Freiheit gilt nicht für alle, es kommt immer darauf an, wie viel Kapital man zur Verfügung hat, um etwas in Bewegung setzen zu können. Hinzu kommen vielfältige Erfahrungen von Diskriminierung und materieller Ungleichheit. Man weiß schon: Es gibt zwar alles zu kaufen, aber nicht für jeden.

Auch auf globaler Ebene stößt man auf solche Widersprüche. In der Tat haben die Menschen in den letzten Jahrzehnten absolut gesehen mehr materielle Güter und Dienstleistungen produziert als in den Jahrhunderten zuvor, Hunger und Kindersterblichkeit sind in einigen Teilen der Welt zurückgegangen, die Lebenserwartung ist für viele Menschen gestiegen; es gibt also durchaus eine Erfolgsgeschichte zu erzählen, eine, die vor allem auf eine gestiegene Produktivität der Arbeit zurückzuführen ist. Die andere Seite der Medaille: verwüstete Landschaften, Flucht, Vertreibung, Krankheiten und eine drastisch ungleiche Verteilung des gesellschaftlichen Reichtums.

Der Bericht über die weltweite Ungleichheit von 2022, herausgegeben unter anderem vom Ungleichheitsforscher Thomas Piketty, stellt fest, dass die »reichsten 10 % der Welt-

31 Hartmut Rosa, in: Ebd.

bevölkerung […] derzeit 52 % des weltweiten Einkommens«[32] beziehen. Dagegen erhalte die ärmste Hälfte der Bevölkerung nur 8,5 Prozent. Im Durchschnitt verdiene eine Person aus den obersten 10 Prozent der weltweiten Einkommensverteilung 87 200 Euro pro Jahr, während eine Person aus der ärmeren Hälfte der globalen Einkommensverteilung 2800 Euro pro Jahr verdiene. Die globalen Vermögensungleichheiten seien dabei noch ausgeprägter als die Einkommensungleichheiten: »Die ärmste Hälfte der Weltbevölkerung besitzt, mit nur 2 % des Gesamtvermögens, kaum Vermögen. Im Gegensatz dazu besitzen die reichsten 10 % der Weltbevölkerung 76 % des gesamten Vermögens.«[33]

Die Auffassung, dass die Ungleichheit zunimmt, wird in fast allen politischen Lagern geteilt, einzig über das Ausmaß und die Ursachen gibt es Meinungsverschiedenheiten. Für die Autorinnen und Autoren des zitierten Ungleichheitsreports ist die wachsende Ungleichheit auf die Umverteilung öffentlichen Vermögens in private Hände zurückzuführen: »In den vergangenen 40 Jahren sind die Volkswirtschaften deutlich reicher geworden, Regierungen aber deutlich ärmer. Der Vermögensanteil öffentlicher Institutionen ist in reichen Ländern nahe null oder negativ. Das bedeutet, dass sich das gesamte Vermögen in privater Hand befindet.«[34] Dieser Trend sei durch die Covid-Krise noch verstärkt worden. Der Anstieg des Privatvermögens sei sowohl innerhalb von Ländern als auch auf globaler Ebene ungleich: »Das Vermögen der reichsten Menschen der Welt ist seit 1995 um 6 bis 9 % pro Jahr gewachsen, während das durchschnittliche Vermögen der gesamten Weltbevölkerung um 3,2 % pro Jahr gewachsen ist. Seit 1995 ist der Anteil, den die reichsten 0,01 % am weltweiten Vermögen halten, von 7 % auf 11 % gestiegen. Auch der Vermögensanteil von Milliardär*innen stieg in diesem Zeitraum stark an (von 1 % auf 3 %).« Tatsächlich verzeichnete 2020, das Jahr der Pandemie,

32 Chancel: Bericht zur weltweiten Ungleichheit, S. 5 (Kurzfassung in deutscher Sprache von: Chancel et al.: World Inequality Report 2022), http://wir2022.wid.world.

33 Ebd., S. 4.

34 Ebd., S. 9.

den stärksten Anstieg des weltweiten Vermögensanteils von Milliardärinnen und Milliardären.[35]

Die Privatisierungsoffensiven der letzten Jahrzehnte sind eine zentrale Ursache für die Umverteilung von öffentlich zu privat. So hat auch der Verkauf ehemals kommunaler Wohnungsbestände Auswirkungen auf soziale Ungleichheit gehabt, etwa durch gestiegene Mieten. Gleichzeitig ist der Einfluss von Kommunen auf stadtpolitische Entwicklungen infolge der Privatisierungen gesunken, die öffentlichen Aufgaben werden vor allem aus einer betriebswirtschaftlichen Perspektive betrachtet, sodass kommunale Unternehmen ganz ähnlich agieren wie private.

Kritiker der Privatisierungspolitik sprechen von »Entstaatlichung« oder von einem »Staat im Ausverkauf«. Dies ist allerdings nur ein Ausschnitt einer sehr viel umfassenderen Entwicklung, die in den letzten Jahrzehnten zu beobachten ist und unter der Bezeichnung »finanzdominiertes Akkumulationsregime« in die sozialwissenschaftliche Literatur eingegangen ist.

Marx hat die wohl grundsätzlichste Analyse der kapitalistischen Produktionsweise vorgelegt. Er beschreibt diese allerdings nur in ihrer allgemeinen Strukturlogik. Empirisch kann sie höchst unterschiedliche Gesichter annehmen. Je nach Land und Zeit, nach politischen Kräfteverhältnissen, staatlichen Regulationsweisen, ökonomischen Koordinaten, nach Kulturen und nach dem Stand der Produktivkräfte gibt es unzählige Erscheinungsformen einer kapitalistischen Marktwirtschaft. »Finanzdominiertes Akkumulationsregime« bezeichnet eine spezielle Spielart des Kapitalismus, die sich in den letzten 30 bis 40 Jahren entwickelt hat. Wie der Name schon sagt, ist ihr wesentliches Kennzeichen eine drastische Verschiebung der Vermehrung des Kapitals weg vom Sachkapital hin zum Finanzkapital. Die Stadtforscherin Susanne Heeg hat in einem Artikel über Wohnen als Finanzanlage die Kennzeichen einer solchen Entwicklung anhand charakteristischer Stichpunkte skizziert: »Die Liberalisierung der Finanzmärkte begünstigte

35 Ebd.

in vielen Ländern eine Reorientierung in den Denkweisen bezüglich der Finanzierbarkeit des Wohlfahrtsstaates (Stichwort Staatsverschuldung), industrieller Beziehungen und neuer Verwertungsanforderungen (Stichworte Flexibilisierung und Mindestkapitalrendite), der Herausbildung eines wirklich globalen Finanzmarktes (Stichwort Derivatehandel und Investmentbanking), der Veränderung von Finanzierungslogiken (von der Banken- zur Finanzmarktfinanzierung) und der finanzwirtschaftlichen Selbstregierung der Individuen (Stichwort Responsibilisierung).«[36]

Heeg hat gezeigt, dass und wie der Immobilienmarkt von diesen Veränderungen betroffen war. Öffentliche Wohnungsunternehmen seien in vielen Ländern als Bestandteil des sozialen Kompromisses unter Beschuss geraten: »Sie wurden als ineffizient und zum Teil korrupt gebrandmarkt, ihre Tätigkeit wurde als eine Verzerrung des freien Wohnungsmarktes gesehen und/oder die Finanzierbarkeit eines öffentlichen Wohnungsbaus wurde infrage gestellt.« In vielen Ländern Europas habe sich in der Folge eine »stärker marktgeregelte anstelle einer sozial abgefederten Wohnraumversorgung« etabliert. Wohnungen wurden, wie Daseinsvorsorge allgemein, zum »potenziellen Investment«, Entscheidungen über Investitionen orientierten sich an Renditekennzahlen, der Gebrauchswert sei zunehmend aus dem Blick geraten.[37] Mieten unterliegen bei und nach diesem Regimewechsel immer höheren Renditeansprüchen seitens der Eigentümer der jeweiligen Immobilien.[38]

Wenn Mieten steigen, und dies tun sie, dann ist das für Mieterinnen und Mieter bei stagnierendem oder gar sinkendem Einkommen ein spürbarer Einschnitt in ihre Lebensverhältnisse. Sie werden ärmer, relativ zum steigenden gesellschaft-

36 Susanne Heeg: Wohnungen als Finanzanlage. Auswirkungen von Responsibilisierung und Finanzialisierung im Bereich des Wohnens, in: sub\urban 1/2013, S. 77.

37 Ebd., S. 78.

38 Zum Themenkomplex Finanzialisierung von Wohnen sowie zu der Entwicklung und den Akteuren des Immobilienmarkts vgl. das Online-Dossier »Wohnen ist ein Menschenrecht« der Rosa-Luxemburg-Stiftung, www.rosalux.de/dossiers/wohnen-ist-ein-menschenrecht.

lichen Reichtum, der zwar absolut wächst, sich aber immer ungleicher verteilt. Es zeigt sich daher auch bei den Entwicklungen auf dem Wohnungsmarkt, was global sichtbar wird: Das Versprechen des Privateigentums ist insofern vergiftet, als die ihm innewohnende Dynamik einen relevanten Teil der Bevölkerung systematisch vom Wachstum des gesellschaftlich geschaffenen Reichtums ausschließt – relativ (der Anteil an diesem wachsenden Reichtum geht zurück) und zuweilen auch absolut.

Die spezifisch kapitalistische Wachstumsdynamik, deren Voraussetzung die Sicherung privater Eigentumsrechte ist, bringt ein weiteres und im Grunde das größte Problem zum Vorschein. Indem die vielfältige, üppige, bunte Warenwelt aus den Fabriken des globalen Kapitalismus die Welt überschwemmt, wird in einer Weise der Boden ausgebeutet, die Luft verschmutzt, das Klima erwärmt, dass mittlerweile die für die Menschen notwendigen Lebensbedingungen auf dem Planeten gefährdet sind. Der 2018 verstorbene Ökonom Elmar Altvater plädierte deshalb dafür, das gegenwärtige Erdzeitalter nicht Anthropozän zu nennen, wie das im August 2016 die Internationale Geologische Vereinigung vorgeschlagen hatte, um damit das Ende der seit etwa 12 000 Jahren andauernden Warmzeit des Holozäns und den Eintritt der Menschheit in ein neues Erdzeitalter zu markieren, eines, das im Gegensatz zum vorherigen ein von Menschen gestaltetes Erdzeitalter ist.[39] Altvater war der Meinung, dass der Begriff des Kapitalozän – das Zeitalter des Kapitals – wesentlich treffender wäre. Seit dem

39 Die Bezeichnung »Anthropozän« für ein neues, von Menschen gemachtes Erdzeitalter ist allerdings jüngst von der Internationalen Kommission für Stratigrafie (ICS) kassiert worden. Die Kommission gibt die »Geologische Zeittafel« heraus und ist zuständig für die Einteilung der Geschichte der Erde in Epochen. Bestritten wird vom ICS allerdings nicht, dass der Mensch einen erheblichen Einfluss auf die Erde und das Klima hat, vielmehr wird infrage gestellt, ob es sich dabei wirklich um einen epochalen Bruch handelt, der eine solche Einteilung rechtfertigt. Das Urteil des ICS ist hoch umstritten in der internationalen Community der Geologinnen und Geologen. Ausführlicher dazu Christian Schwägerl: Keine Epoche für die Menschheit. Verändern wir Menschen die Erde so massiv, dass eine neue Erdepoche angebrochen ist? Darüber streiten Geologen seit Jahren. Doch der Vorschlag ist nun überraschend gescheitert, in: Spektrum der Wissenschaft, 6.3.2024, https://www.spektrum.de/news/geologen-lehnen-neues-erdzeitalter-anthropozaen-ueberraschend-ab/2210153.

18. Jahrhundert würden in der kapitalistischen Wirtschaft fossile Energieträger systematisch genutzt: »Die mithilfe geeigneter Maschinen in Arbeitsenergie umgewandelte Primärenergie stammt nicht mehr von der Sonne, sondern aus terrestrischen ›Bordmitteln‹, die aus der Erdkruste extrahiert werden müssen. Kohle und später Öl und Gas ermöglichen die Vervielfachung der Kräfte infolge des hohen Rückflusses investierter Energie [...] fossiler Energieträger.« Und weiter: »Erst jetzt kann sich die kapitalistische Produktionsweise der systematischen Produktion einer ungeheuren Warensammlung durchsetzen. Mehrwert zu produzieren und dessen Produktion maximal zu steigern, wird zum vorrangigen Ziel.«[40] Da jedes ökonomische Handeln in der kapitalistischen Produktionsweise auf Wertbildung und Verwertung des Kapitals abzielt und zu diesem Zweck Stoffe und Energien transformiert werden müssen, muss sie, so Altvater, die Erdformation ebenso wie die Gesellschaftsformation umbilden, aber, und das ist der hier relevante Punkt: »Mit dem Höhenflug des ›Wohlstands der Nationen‹ seit mehr als zwei Jahrhunderten geschieht dies in so großem Stil, dass der Kreislauf des Stoffwechsels zwischen Mensch und Natur gebrochen, zerrissen ist, mehr als jemals zuvor in der Menschheitsgeschichte.«[41]

Soziale Ungleichheit und die von Menschen verursachten Schäden an der Natur verdichten sich wie unter einem Brennglas, wenn die am schlimmsten betroffenen Menschen flüchten und ihre Zufluchtsorte, die reicheren Industriestaaten, sich abschotten, genau jene Industriestaaten, die die Hauptverursacher der Klimakrise sind.

Die Eskalation dieses gesellschaftlichen Großkonflikts findet nicht zufällig in jener Epoche statt, in der sich das Privateigentum als dominierender Modus der Zuteilung von Verfügungsmacht über Ressourcen durchgesetzt hat. In der öffentlichen Debatte und im Alltagsverständnis ist es aber fast ein Gemeinplatz, dass es Eigentum immer schon gegeben habe,

40 Elmar Altvater: Kapitalozän. Der Kapitalismus schreibt Erdgeschichte, in: Zeitschrift LuXemburg 2–3/2017, S. 109.

41 Ebd., S. 112

wobei der Begriff Eigentum in der Regel als Synonym für Privateigentum verwendet wird: »Das Recht des Eigentums in seiner klassischen Form ist so alt wie die Wurzeln unserer Kultur. ›Du sollst nicht stehlen‹ heißt es in den Zehn Geboten im zweiten Buch Mose. Und seitdem hat es kein Recht gegeben ohne den Schutz des Eigentums«, erklärte etwa die damalige Justizministerin Brigitte Zypries (SPD) Anfang der 2000er-Jahre, als mal wieder ein Streit um die Bewahrung des Urheberrechts im Internet entbrannt war.[42]

Auch der Nobelpreisträger Douglass North arbeitet mit einem historisch immer gleichen Begriff von Privateigentum. Historische Unterschiede sieht er nur bezüglich der Sicherung des Eigentums. Dabei ist die Begriffsgeschichte von Eigentum sehr komplex[43] und Eigentum als Kategorie des Begreifens und Bezeichnens von sozialen Beziehungen selbst eine historisch vergleichsweise junge Erscheinung. Ein kursorischer Blick auf die Geschichte des Eigentums hilft, das Verständnis für die Spezifik von Privateigentum zu schärfen.

42 Brigitte Zypries: Das Urheberrecht muss auf technologischen Quantensprung reagieren, Festvortrag bei der ALCATEL-SEL-Stiftung, 24.10.2003, zitiert nach: Sabine Nuss: Copyright & Copyriot, S. 121.

43 Vgl. Dieter Schwab: Eigentum, in: Otto Brunner/Werner Conze/Reinhart Koselleck (Hrsg.): Geschichtliche Grundbegriffe. Historisches Lexikon zur politisch-sozialen Sprache in Deutschland, Bd. 2: E–G, Stuttgart 1975, S. 65–115.

2 — Spuren des Eigentums

Die Habe und das Gut

Nicht wenige Untersuchungen vorkapitalistischer Aneignungsverhältnisse lassen sich von heutigen Vorstellungen von Eigentum leiten. Das birgt die Gefahr, Aspekte, die nur für das moderne Eigentum gelten, auf die Vergangenheit zu projizieren und dadurch historische Besonderheiten zu übersehen. Das gilt im Grunde für die ganze Zeit der Existenz menschlicher Gesellschaften von ihren Anfängen bis zur Entstehung des modernen bürgerlichen Staates. In seiner Studie über die »Frühformen des Rechts in vorstaatlichen Gesellschaften« stellt der Rechtshistoriker Uwe Wesel bezogen auf die steinzeitliche Lebensform der Jäger und Sammler fest, dass der Begriff Eigentum schwerlich diesen Gesellschaften »übergestülpt« werden könne. Deshalb schlug der Psychologe Wilhelm Wundt bereits Anfang des 20. Jahrhunderts für ein besseres Verständnis von frühen Gesellschaften vor, die einfachen Gegenstände der persönlichen Ausrüstung, wie Kleider, Waffen, Geräte, als »Habe« zu bezeichnen. Sie habe in solchen Gesellschaften so selbstverständlich zur Person gehört, dass diese Menschen sie ebenso wenig als Eigentum angesehen hätten wie den eigenen Körper.[1] Auch Karl Polanyi riet davon ab, für das Verständnis von frühen Gesellschaften den Begriff Eigentum zu verwenden, da dort verschiedenartige Rechte verschiedener Personen hinsichtlich desselben Gegenstands vorzufinden waren. Durch diese Zerteilung wurde die »Ganzheit des Objekts im Sinne von Eigentum zerstört«.[2]

Bereits in diesen wenigen Einlassungen werden zwei Charakteristika des modernen Eigentums deutlich, die es in frü-

1 Vgl. Uwe Wesel: Die Entwicklung des Eigentums in früheren Gesellschaften, in: Zeitschrift für vergleichende Rechtswissenschaft 1/1982, S. 17–38.

2 Karl Polanyi: Ökonomie und Gesellschaft, Frankfurt a. M. 1979, S. 161.

hen Gesellschaften nicht gab: die Trennung von Subjekt und Objekt als Voraussetzung für ein Eigentumsbewusstsein und die exklusive Verfügungsmacht einer einzigen Person bezüglich eines Gegenstands gegenüber allen anderen Mitgliedern einer Gesellschaft.

Wie unterschiedlich die Vorstellungen von Eigentumsbeziehungen sein können, belegen Studien über vormoderne außereuropäische Gesellschaften. Die US-amerikanische Historikerin Stephanie Coontz hat in ihren Untersuchungen sozialer Beziehungen bei indigenen Gesellschaften darauf aufmerksam gemacht, dass es in diesen »gänzlich unvorstellbar« gewesen sei, »dass Nutzungsrechte, die der Bedürfnisbefriedigung dienten, verweigert wurden«,[3] und verweist damit auf ein weiteres Kennzeichen des modernen Eigentums. Nahrungsmittel zum Zweck der Preisstabilisierung zu vernichten oder Häuser aus Gründen der Spekulation leer stehen zu lassen, während nebenan Obdachlose auf der Straße leben – selbstverständliche Phänomene der modernen Privateigentumsordnung –, das wäre in solchen Gesellschaften im Wortsinne nicht vorstellbar gewesen.[4]

Privateigentum, damit alle es nutzen können

Auch spätere Gesellschaften wie die in der griechischen und römischen Antike hatten ein anderes Eigentumsverständnis als wir Heutigen. Die altgriechischen Bezeichnungen »was einem ist«, »das Eigene« oder »was man erworben hat« werden zwar mit »Privateigentum«, »Eigentum« oder »Besitz« übersetzt, doch gab es im attischen Recht »keine klare juris-

3 Stephanie Coontz: Die Entstehung des Privaten. Amerikanisches Familienleben vom 17. bis zum ausgehenden 19. Jahrhundert, in: Heide Gerstenberger/Hans-Günter Thien (Hrsg.): Theorie und Geschichte der bürgerlichen Gesellschaft, Münster 1994, S. 53.

4 Auch für die Inuits gibt es einen engen Zusammenhang von Bedürfnis und Verfügung, wenn Wesel schreibt, dass dort das »Eigentum« beschränkt sei durch die Notwendigkeit des Gebrauchs anderer. Wer eine Sache nicht brauche, müsse der Bitte eines anderen entsprechen, sie ihm zu geben; vgl. Uwe Wesel: Frühformen des Rechts in vorstaatlichen Gesellschaften: Umrisse einer Frühgeschichte des Rechts bei Sammlern und Jägern und akephalen Ackerbauern und Hirten, Frankfurt a. M. 1985, S. 123.

tische Definition von ›Besitz‹ oder ›Eigentum«‹.[5] Aristoteles oder Platon fragten nicht danach, was Eigentum ist, sondern sie erörterten, welche Art der Aneignungs-, Nutzungs- und Zuordnungsmodalitäten in einer Polis die beste Gesellschaftsordnung hervorbringt. Wie ein Einzelner sich Natur aneignete, war auch in der griechischen Antike vor allem vermittelt über seinen Status als Familien- und Gesellschaftsmitglied. Mitunter wird Aristoteles als Beleg dafür zitiert, dass nur Privateigentum effizient sei. So heißt es in seiner »Politik«: »Denn wenn die Sorge um den Besitz jeweils Einzelnen vorbehalten ist, wird dies nicht die jeweiligen Vorwürfe produzieren; die Sorge um den Besitz wird so eher gesteigert, weil nun jeder Einzelne sich seinem Eigentum widmet«[6] – was Joseph Schumpeter zur Behauptung verleitete, diese aristotelischen Überlegungen läsen sich fast genauso »wie die Argumente des bürgerlichen Liberalismus des 19. Jahrhunderts«.[7]

Das aristotelische Plädoyer für einen Besitz Einzelner liegt aber zuvorderst darin begründet, dass diese Besitzordnung die Wahrscheinlichkeit von Streit zwischen den Mitgliedern der Gemeinschaft verringere. Wenn die Menschen, die das Land bearbeiten, sich dieses und seine Erträge gemeinschaftlich teilen, dann könne es nach Aristoteles zu Konflikten über das Verhältnis von Leistung und Ertrag kommen, etwa wenn jemand, der mehr gearbeitet hat als ein anderer, weniger erhält als der andere. Mit keinem Wort wird hier darüber debattiert, wie man ausgehend von einer Knappheit an Land und Früchten mit bestimmten Eigentumsverhältnissen möglichst viel aus dem vorhandenen Land herausziehen kann.[8] Es zeigt sich: Wenn

5 Thomas Maissen: Eigentümer oder Bürger? Haushalt, Wirtschaft und Politik im antiken Athen und bei Aristoteles, in: Martin Held/Hans-Gerd Nutzinger (Hrsg.): Eigentumsrechte verpflichten: Individuum, Gesellschaft und die Institution Eigentum, Frankfurt a. M. 1998, S. 70.

6 Aristoteles: Politik. Buch II und Buch III, übers. und erl. von Eckart Schütrumpf, in: Aristoteles: Werke, Bd. 9.2, Berlin 1991, Pol. II 5, 1263a.

7 Zitiert nach den Erläuterungen von Eckart Schütrumpf, in: ebd., S. 192.

8 So schreibt Aristoteles: »Denn wenn jeder Einzelne den Besitz persönlich als Eigentum hat, kann man ihn einerseits seinen Freunden zur Nutzung bereitstellen, andererseits aber auch den Besitz (anderer) nutzen, so als gehöre er der Allgemeinheit. In dieser Weise (bedient man sich) auch in Sparta der Sklaven, die jeweils der andere besitzt, als gehörten sie einem selber, außerdem der Pferde

man mit dem heutigen Eigentumsverständnis Aristoteles liest, kommt man nicht weit, ohne dass einiges durcheinandergerät. So heißt es in der »Politik«, der Besitz solle »Privateigentum« sein, allerdings so, dass man ihn »allen zur Nutzung zur Verfügung stellt«.[9] Privateigentum aber, so merkte der Schweizer Philosoph Arnold Künzli zu Recht an, das als Gemeineigentum genutzt wird, wäre, würde diese Nutzung zur gesetzlichen Verpflichtung, kein Privateigentum mehr.[10]

Ausgangspunkt bei Aristoteles ist daher nicht das Individuum, sondern die Polis, die Gemeinschaft. Die individuelle Verfügung wird hinzugedacht als Institution, die das gemeinschaftliche Gefüge eher festigt. Das ist ein weiterer grundsätzlicher Unterschied zum modernen bürgerlichen Recht, bei dem die individuelle Verfügung Ausgangspunkt ist und staatliche Einschränkungen im Nachhinein erfolgen, die Gemeinschaft also nachgelagert ist.

Als sich Besitz von Eigentum trennte

Der Begriff Eigentum im annähernd modernen Sinne entstand erst in jener Zeit, als römisch-rechtliches Abstraktionsvermögen mit den Anfängen einer modernen Warenproduktion zusammentraf.[11] Die Römer waren daher nicht zufällig die Ersten, die das Eigentum juristisch gefasst bzw. die Rechtsverhältnisse von »Privateigentümern« kodifiziert haben. Das aber war zugleich die Voraussetzung dafür, dass man erstmals lernte, zwischen Eigentum und Besitz zu unterscheiden. Erst mit einem abstrakteren Eigentumsbegriff konnte sich die Verfügungsgewalt über eine Sache von ihrer konkreten Inbesitznahme lösen. In der Literatur zur Geschichte des Eigentums wird immer wieder betont, dass das römische Recht die Vor-

und Hunde, und wenn man Wegzehrung braucht, der (Erträge der) Äcker auf dem Lande.« (Politik, II 5, 1263a)

9 Ebd.

10 Arnold Künzli: Mein und Dein. Zur Ideengeschichte der Eigentumsfeindschaft, Köln 1986, S. 101.

11 Otto Kirchheimer: Eigentumsgarantie in Reichsverfassung und Rechtsprechung, in: Otto Kirchheimer: Funktionen des Staates und der Verfassung. Zehn Analysen, Frankfurt a. M. 1972, S. 10.

lage für die moderne Eigentumskonzeption geliefert habe, und in der Tat ist auch im modernen bürgerlichen Recht die Unterscheidung zwischen Besitz und Eigentum geläufig. Der Paragraf 903 des Bürgerlichen Gesetzbuchs besagt, dass der Eigentümer einer Sache mit ihr nach Belieben verfahren und andere von jeder Einwirkung ausschließen darf. Er muss sie dazu nicht zwangsläufig in Besitz haben. Der Besitz wiederum einer Sache bedeutet tatsächliche oder konkrete Verfügungsgewalt, nicht abstrakte. Als Besitzer darf man zum Beispiel eine Wohnung mieten und sie nutzen, hat aber bezüglich der Verfügungsmacht nur eingeschränkte Rechte. Eine Wand darf eine Mieterin nicht einfach einziehen oder rausreißen. Der Eigentümer hat im Vergleich dazu die absolute Verfügungsgewalt über die Wohnung, dazu muss er nicht darin wohnen.

Dennoch ist die moderne Privateigentumsordnung nicht identisch mit dem römischen Recht. Fragen des Besitzrechts spielten beispielsweise im alten Rom eine wesentlich größere Rolle als heute. Deshalb war auch das Recht der Verfügung konkreter ausformuliert, indem zum Beispiel ausführlich dargelegt wird, wem was wie lange zur Nutzung überlassen werden kann, was öffentlich ist, was gemein, universell oder einzeln zugehörig sein kann und was gar niemandem gehört, da es in göttlicher Hoheit steht.[12] Das römische Recht entsprach einer Sklavenhaltergesellschaft, in der Warenverkehr und Geldwirtschaft zwar verglichen mit den vorherigen Gesellschaften weit entwickelt waren, nach wie vor aber befand sich das wichtigste Produktionsmittel – Grund und Boden – noch in sozialen Bindungen.

Nun gab es in der Entwicklung des Eigentumsbegriffs keine Kontinuität im Sinne dessen, dass der Begriff immer abstrakter, die individuelle Verfügungsgewalt immer absoluter geworden wäre. Im Gegenteil. Mit dem Zusammenbruch des Römischen Reichs entstanden abermals neue Aneignungsformen, die sich vom modernen Eigentum wieder weiter entfernten.

12 Uwe Wesel: Geschichte des Rechts: Von den Frühformen bis zum Vertrag von Maastricht, München 1997, S. 191 ff.

Feudale Aneignung

Das frühe Mittelalter war in großen Teilen Westeuropas gekennzeichnet von einem drastischen Rückgang des Handels, der Geldumlauf nahm entsprechend ab, die Menschen zogen von den Städten aufs Land. Grundherrschaft wurde zum Kennzeichen der politischen Strukturen. Die Verfügung über den Bodenertrag manifestierte die Herrschaft der Grundherren über ihre Bewohner; zugleich hatten sie aber auch Pflichten sowohl gegenüber ihrem Lehnsgeber als auch gegenüber den Bewohnern.[13] Abgaben der Leibeigenen und hörigen Bauern erfolgten vorwiegend in Form von Naturalien und Frondiensten. Die Rechtsordnung entsprach »einer tauschlosen Eigenwirtschaft«.[14]

Der Charakter des frühmittelalterlichen »Eigentums« blieb entsprechend diffus, »ohne harten und klaren Begriff wie bei Römern oder heute«.[15] In der mittelhochdeutschen Sprache existierte kein abstraktes Eigentumsverständnis, vielmehr gibt es mehrere Bezeichnungen, die die ausdifferenzierten sozialen Verhältnisse beschreiben: »›eigen‹ (-›tum‹, -›schaft‹), ›erbe‹, ›gut‹, ›fahrende habe‹, ›len‹, ›leihe‹, ›gült‹, ›zins‹, ›leibzucht‹ usw.«.[16]

Eine Weiterentwicklung des römischen Eigentumsverständnisses fand erst wieder mit dem Entstehen einer kapitalistischen Marktwirtschaft statt. Diese war auch die Voraussetzung dafür, dass Geistiges, nicht haptisch Fassbares, wie Wissen oder Ideen, zu Eigentum werden konnte. »Geistiges Eigentum« gab es in vorkapitalistischen Gesellschaften nicht, es ist Kennzeichen einer kapitalistischen Privateigentumsordnung.[17] Eigentum im modernen Verständnis, und genauer: Privateigentum, ist eine abstrakte Kategorie. Sie kann sich unabhängig von jeder konkreten Stofflichkeit auf alles beziehen, auf Unbewegliches

13 Helmut Rittstieg: Eigentum als Verfassungsproblem. Zu Geschichte und Gegenwart des bürgerlichen Verfassungsstaates, Darmstadt 1975, S. 3.

14 Wesel: Geschichte des Rechts, S. 317.

15 Ebd., S. 322.

16 Schwab: Eigentum, S. 66.

17 Nuss: Copyright & Copyriot, S. 178–201.

und Bewegliches genauso wie auf Immaterielles und Materielles. Sie ist absolut, weil sie einem Individuum ein dauerhaftes und alle anderen ausschließendes Verfügungsrecht gibt, auch unabhängig vom konkreten Bedarf der anderen. Einschränkungen des Eigentums finden erst im Nachhinein statt. Ein solches Verständnis von Eigentum hat in keiner der früheren Gesellschaftsformen existiert.[18] Erst in der modernen, kapitalistischen Produktionsweise konnte es sich entwickeln. Dazu bedurfte es einer Umwälzung aller gesellschaftlichen Verhältnisse. Sie beruht im Wesentlichen auf der Zerstörung der feudalen Aneignungsweisen. Dieser Prozess, den wir »soziale Enteignung« nennen, war nicht nur historisch die Voraussetzung für die Entstehung des Kapitalismus, sondern ist bis heute seine Grundlage.

18 So auch die Bezeichnung des modernen Eigentums als »absolute Sachherrschaft« in: Eva von Redecker: Revolution für das Leben. Philosophie der neuen Protestformen, Frankfurt a. M. 2020, S. 23 ff.

3 — Der Ursprung des Privateigentums

Soziale Enteignung und Monetarisierung

Es gibt verschiedene Auffassungen darüber, wie alt die kapitalistische Produktionsweise ist, die Schätzungen variieren zwischen 300 und 5000 Jahren.[1] Das ist ein Klacks, gemessen an der Geschichte der Menschheit, die – je nach dem, was als »Mensch« definiert wird – auf 100 000 bis zwei Millionen Jahre geschätzt wird. Es gibt in der Literatur auch keine Einigkeit darüber, wann, wie, weshalb und wo der Kapitalismus sich historisch durchgesetzt hat bzw. was die entscheidenden Triebkräfte waren. Der griechische Ökonom Jannis Milios hat allein innerhalb der marxistischen theoretischen Debatte vier verschiedene Ansätze unterschieden. Demnach sehen manche die Entwicklung von Technologien, Bildungsstand und Spezialisierung als treibende Kraft, andere einen spezifischen Expansionsdrang, durch den der Kapitalismus erst als globale gesellschaftliche Struktur seine endgültige Form gefunden hat. Wieder andere legen das Gewicht auf die Umwälzung der Eigentumsverhältnisse oder auf eine spezifische Herausbildung staatlicher Macht.[2]

Einer der wesentlichen Unterschiede der kapitalistischen Produktionsweise zu vorhergehenden sozialen Formationen ist allerdings weitgehend unumstritten: Arbeitskraft und Boden sind Ware geworden. Die Historikerin Ellen Meiksins Wood datiert die Anfänge dieses langwierigen Prozesses auf das ausgehende 16. Jahrhundert und verortet die Entwicklung vor allem in England. Dabei gehörte England verglichen

1 Milios zufolge geht manch Vertreter der Weltsystemtheorie davon aus, dass sich die entscheidenden Kennzeichen der globalen kapitalistischen Produktionsweise mindestens 5000 Jahre zurückverfolgen lassen; vgl. Jannis Milios: Eine zufällige Begegnung in Venedig. Die Entstehung des Kapitalismus als Gesellschaftssystem, Berlin 2021, S. 93.

2 Ebd., S. 74.

mit den zu jener Zeit reich gewordenen Handelsstädten (zum Beispiel Florenz) nicht unbedingt zu den ökonomisch fortgeschrittensten Ländern. Wood zufolge hat eine historisch einzigartige politische Konstellation die umfassende Vertreibung der Landbevölkerung ermöglicht,[3] die als »enclosures« (Einhegung) bekannt geworden ist. Menschen wurden von ihren landwirtschaftlich genutzten Flächen vertrieben, unter anderem indem diese eingezäunt (eingehegt) wurden und den Bewohnern und Nutzern der Zugang zu ihnen verwehrt wurde. Die Vertreibung erfolgte durch die feudalen Grundherren, die die Ackerfläche profitabel nutzen wollten: »Einhegungen blieben eine Hauptursache von Konflikten im frühneuzeitlichen England, sei es wegen der Schafzucht oder des zunehmend profitablen Ackerbaus. Aufstände wegen der Einhegungen durchzogen das 16. und 17. Jahrhundert.«[4] So wurden jahrhundertealte Gewohnheits- und Nutzungsrechte an Grund und Boden, die ihren Landbewohnern Nahrung und Rohstoffe zum Überleben gesichert hatten, beseitigt und damit die Klasse der Eigentumslosen geschaffen.

Marx hat sich ausführlich mit diesem historischen Prozess der Enteignung beschäftigt. Er beschreibt, wie die so um ihre Lebensgrundlagen gebrachten Menschen schließlich gezwungen waren, ihre Arbeitskraft zu verkaufen, weil ihnen das bis dahin für die meisten wichtigste Produktionsmittel geraubt worden war: »So [...] schuf der große Feudalherr ein ungleich größeres Proletariat durch gewaltsame Verjagung der Bauernschaft von dem Grund und Boden, worauf sie denselben feudalen Rechtstitel besaß wie er selbst, und durch Usurpation ihres Gemeindelandes.«[5]

Der Wandel von einer subsistenzorientierten hin zu einer agrarkapitalistischen Landwirtschaft zog sich über mehrere Jahrhunderte hin und war sozial ausdifferenzierter, als es

3 Ellen Meiksins Wood: Der Ursprung des Kapitalismus. Eine Spurensuche, Hamburg 2015, S. 124.

4 Ebd., S. 128.

5 Karl Marx: Das Kapital. Erster Band, in: Karl Marx/Friedrich Engels: Werke, Berlin 1956 ff. [MEW], Bd. 23, S. 746.

die Gegenüberstellung von Feudalherr und Leibeigener oder Bauer nahelegt. So gab es Bauern, die von den Einhegungen profitierten, sie auch selbst durchführten, und Bauern, die dadurch verarmten. Der kanadische Politikwissenschaftler David McNally, der untersuchte, wie Geld historisch in engem Zusammenhang mit Sklavenhandel, Krieg und Kapitalismus entstand, schreibt, dass bis Mitte des 16. Jahrhunderts vermutlich 45 Prozent der englischen Ländereien eingehegt wurden. Die Hauptnutznießer seien dabei freie Großbauern gewesen, gewerbliche Landwirte, die »in Einhegungen, Viehbestand, das Mergeln[6] und andere ›Verbesserungen‹ investierten, spezialisierte landwirtschaftliche Waren für den Markt produzierten, dafür häufig Lohnarbeiter anstellten und die Rechte und das Eigentum ihrer ärmeren Nachbarn beschnitten«.[7] Zwischen 1560 und 1625 habe sich die Zahl der vagabundierenden Bevölkerung in England verzwölffacht, was das Ausmaß der ablaufenden Vertreibungsprozesse erahnen lässt.[8] Im 18. Jahrhundert folgten schließlich durch die Parlamente »legale« Einhegungen, inklusive der Abschaffung »störender Besitzrechte, die der Akkumulationsmacht irgendeines Grundherrn im Wege standen«.[9]

Marx nannte diesen Teil der Vorgeschichte des globalen Kapitalismus »die sogenannte ursprüngliche Akkumulation«.[10] Als »ursprüngliche Akkumulation« bezeichnete er den Prozess, durch den sich zum einen Reichtümer in wenigen Händen konzentrierten, die dann als Kapital für die weitere Produktion vorgeschossen werden konnten, und durch den die Menschen zum anderen von ihren Produktionsbedingungen getrennt wurden, sodass ihnen nichts anderes übrig blieb, als ihre Arbeitskraft an die Besitzer des Reichtums zu verkaufen, um durch ihre Arbeit diesen Reichtum noch weiter zu ver-

6 Mit Ton und Sand (Mergel) düngen.

7 David McNally: Blut und Geld. Krieg, Sklaverei, Finanzwesen und Empire, Berlin 2023, S. 138.

8 Ebd.

9 Wood: Ursprung, S. 128.

10 Marx: Kapital I, MEW, Bd. 23, S. 741 ff.

mehren. Während es nach Ansicht liberaler Ökonomen in den Anfängen des Kapitalismus die Arbeit der Kaufleute und Feudalherren gewesen war, die durch den »Fleiß, die Sparsamkeit und die Intelligenz einer bestimmten Elite« den Reichtum geschaffen habe,[11] kann Marx im »Kapital« zeigen, dass in der »wirklichen Geschichte« die ursprüngliche Akkumulation im Wesentlichen auf »Eroberung, Unterjochung, Raubmord, kurz Gewalt«[12] beruhte.[13]

Die Vertreibung der Menschen aus ihren tradierten Produktionsverhältnissen war der Ursprung des modernen Privateigentums und schuf die Voraussetzungen für die Entwicklung eines kapitalistischen Marktes, wie wir ihn heute kennen, bei dem auch Arbeitskraft und Boden zur Ware wurden. Dies ging mit einem weiteren Prozess einher, der häufig bei der Befassung mit der historischen Entstehung von Privateigentum unterbelichtet bleibt. McNally bezeichnet diese Entwicklung als »Monetarisierung«. Indem die Menschen von ihrer Subsistenz, der unmittelbaren Versorgung mit den Früchten der Arbeit auf den Feldern und der Haltung von Vieh getrennt wurden, waren sie gezwungen, ihre Arbeitskraft zu verkaufen, um einen Lohn zu erhalten. Den Lohn bekamen sie in Form von Geld. Nur damit konnten sie sich von nun an auf einem Markt mit dem versorgen, was ihnen zuvor die überkommenen Nutzungsrechte an Land geliefert hatten. Die Entwicklung von einer subsistenzorientierten zu einer agrarkapitalistischen Landwirtschaft vervielfachte oder verallgemeinerte daher auch die sozialen Beziehungen bzw. Interaktionen, in denen Waren gegen Geld getauscht wurden.

Dass Güter mit Gewinnabsicht gekauft und verkauft werden, das war nicht neu. Von Kapitalismus in einem modernen Sinn oder als ökonomisches System können wir daher nur dann sprechen, wenn nicht nur der Handel gewinnorientiert

11 Ebd., S. 741.

12 Ebd., S. 742.

13 Daher nennt Marx diesen historischen Prozess in ironischer Absicht die »sogenannte« ursprüngliche Akkumulation: »In der sanften politischen Ökonomie herrschte von jeher die Idylle.« (Ebd.)

ist, sondern auch der überwiegende Teil der Produktion und damit alle von dieser Form der Produktion abhängig werden. Oder in den Worten des Philosophen Søren Mau: »In vorkapitalistischen Gesellschaften spielten die von der Logik des Kapitals beherrschten Prozesse für die gesellschaftliche Reproduktion kaum eine Rolle. Ab dem 16. Jahrhundert vollzog sich ein grundlegender Umbruch: Die Logik des Kapitals begann, sich in das Gefüge des gesellschaftlichen Lebens einzuflechten, und erreichte schließlich den Punkt, an dem die Menschen für ihr Überleben von ihr abhängig geworden waren.«[14]

Die Vermarktlichung und Monetarisierung der sozialen Beziehungen beförderte den Aufstieg »einer von einem abstrakten Raum bestimmten sozialen Welt«, so McNally.[15] Land sei in erheblichem Ausmaß kommodifiziert worden, sein »Wert« nicht mehr durch gemeinschaftliche Erinnerungen und ein Zugehörigkeitsgefühl definiert gewesen, vielmehr wurde er jetzt durch Pachtzinsen und Preise ermittelt. McNally verweist zur Illustration auf ältere bäuerliche Praktiken, in denen man den sozialen Raum durch jährliche Umzüge bestimmte. Die Mitglieder einer Gemeinschaft schritten die Grenzen der Gemeinde ab und erinnerten dabei mündlich an Grenzen, an gemeinsame Rechte und Praktiken.[16] Das eingehegte Land hingegen wurde abgegrenzt, vermessen und monetarisiert. Die Kartierung, vor 1500 in England auf dem Land praktisch unbekannt, spiegelt nach McNally eine Restrukturierung des Landes in abstrakte Raumeinheiten wider. Das eingehegte und kommodifizierte Land war durch das geometrische Wissen von abstrakten Formen und Räumen bestimmt: »Durch die Reduktion von allem auf ›Zahl, Gewicht und Maß‹ ahmten die baconschen Reformer des 17. Jahrhunderts die quantifizierende Rationalität des Marktes nach, auf dem alles in der monetären Logik abstrakter Zahlen gemessen wird.« Nun stand »kommodifiziertes Land [...] dem Meistbietenden offen und sollte zur Erwirtschaf-

14 Søren Mau: Stummer Zwang. Eine marxistische Analyse der ökonomischen Macht im Kapitalismus, Berlin 2022, S. 48.

15 McNally: Blut und Geld, S. 147.

16 Ebd.

tung des größtmöglichen monetären Überschusses genutzt werden.«[17] Hier wird der spezifische Charakter des modernen Eigentums, wie er sich als historisches Novum herausbildete, deutlich: Eigentum bedeutet nicht einfach nur private Verfügungsgewalt über Produktionsmittel. »Privat« darüber zu verfügen schließt die Absicht ein, das eingesetzte Kapital für die Produktionsmittel sowie für Arbeitskraft und Rohstoffe zu vermehren (worauf später noch einzugehen sein wird).

Mit dem Aufstieg des Kapitalismus wurde Geld zur dominierenden Vermittlungsinstanz ökonomischer Transaktionen. Damit einher ging die Kolonialisierung des Lebens durch die abstrakten Mengengrößen von Waren und Preisen: »In fundamentalster Hinsicht ist die Monetarisierung also ein Sieg des Abstrakten über das Konkrete.«[18] Dem Geld ebenso wie dem Eigentum war in vorkapitalistischen Epochen der hohe Grad an Abstraktion völlig fremd, den beide in ihren modernen Formen haben. Der Mediävist Ludolf Kuchenbuch hat deswegen auch in seiner Untersuchung des Denars[19] zwischen den Jahren 700 und 1000 unserer Zeit auf die Benutzung zweier moderner Begriffe verzichtet: auf das Substantiv »Geld« und auf das Verb »bezahlen«.[20] Kuchenbuch spricht dagegen von »Münz-Wirtschaft« und will damit verhindern, die moderne Bedeutung von Geld, ihren hohen Abstraktionsgrad, zurückzuprojizieren.

Auch der Philologe Eske Bockelmann weist in seiner Geschichte des Geldes darauf hin, dass es im mittelalterlichen Europa zwar Münzen gegeben habe, doch »weder in diesen Münzen noch in irgendwelchen anderen Dingen, mit denen man bei einem Kauf bezahlen konnte, hat man Geld

17 Ebd. McNally verweist auf William Petty, einen Pionier der politischen Ökonomie. Dessen berühmte Katastervermessung habe Irland seinerzeit »der quantifizierenden Logik des Geldes [unterworfen] – und all dies unterstützt von Waffen und Terror«. Die Welt sei tatsächlich neu betrachtet worden: durch die Brille des Profits und der Enteignung; vgl. ebd., S. 148.

18 Ebd.

19 Denar bezeichnet eine Münze, die in der Antike und im Mittelalter bis zur frühen Neuzeit gebräuchlich war.

20 Ludolf Kuchenbuch: Versilberte Verhältnisse. Der Denar in seiner ersten Epoche, Göttingen 2016, S. 13.

gesehen«.[21] Es habe im Mittelalter kein einziges Wort gegeben für das, was wir heute so selbstverständlich Geld nennen. Es geht Bockelmann aber nicht nur einfach um das Fehlen eines Wortes, sondern das »europäische Mittelalter [...] hat keinen *Begriff*, es hat keine *Vorstellung* davon [...] das heißt: Sie kannten kein Geld.«[22] Bockelmann macht den Unterschied zwischen dem mittelalterlichen Feudalismus und dem kapitalistischen Wirtschaften der Moderne daran fest, dass ehedem Kauf und Verkauf zwar bekannt waren, aber nur als Nebensache, während im Kapitalismus »das Leben eines jeden zwingend von Kauf und Verkauf abhängig gemacht ist«.[23]

Der Politikwissenschaftler Ingo Stützle hat darauf verwiesen, dass nicht nur bei der Durchsetzung von Privateigentum Gewalt eine wesentliche Rolle spielte, sondern auch bei der Herausbildung des modernen Geldsystems: »So wie Eigentum und Geld in der bürgerlichen Gesellschaft als selbstverständliche und überhistorische Phänomene gelten, so ist ihre Genealogie nicht ohne besondere Berücksichtigung der Rolle der unmittelbaren Zwangsgewalt zu haben.«[24] Die sich formierende Arbeiterklasse musste nicht nur gezwungen werden, sich der erforderlichen Fabrikdisziplin oder anderer moderner Formen von Lohnarbeit sowie den dazugehörigen Lebensweisen, Moral- und Leistungsvorstellungen unterzuordnen; sie mussten auch dazu gezwungen werden, Geld auf eine fest vorgeschriebene Weise zu benutzen, überhaupt Geld zu benutzen, als Voraussetzung für das sich formierende historisch neue Herrschaftsverhältnis der bürgerlichen Marktgesellschaft. Das bedeutete unter anderem, dass das Gewaltmonopol des Staates über die jeweilige nationale Währung erst einmal gebildet werden und von da an gewährleistet bleiben musste.[25]

21 Eske Bockelmann: Geld. Was es ist, das uns beherrscht, Berlin 2020, S. 18.

22 Ebd., S. 19.

23 Ebd., S. 157.

24 Ingo Stützle: »Blut- und schmutztriefend«: Der diskrete Charme der Staatsgewalt: Genese und Geltung von Eigentum und Geld, in: Prokla. Zeitschrift für kritische Sozialwissenschaft 199, 2/2020, S. 221.

25 Der englische Philosoph John Locke, von dem gleich die Rede sein wird, sorgte dafür, dass sein Freund, der Physiker Isaac Newton, zum Aufseher der Londoner Münzanstalt wurde. McNally zufolge nahm Newton die Aufgabe begeistert an,

Liberalismus und die Legitimation von Gewalt

Das auf Gewalt und Vertreibung basierende Privateigentum bedurfte einer Legitimation. Ideengeschichtlich spielte noch bis in das 17. Jahrhundert hinein das Naturrecht eine wichtige Rolle, wonach Gott die Erde den Menschen gemeinsam gegeben habe. Eine individuelle Aneignung war nicht vorgesehen und konnte nur jenseits des Naturrechts erfolgen, sie galt als nicht »natürlich«. Erst der englische Philosoph John Locke hat, nicht zufällig in der Zeit der Enclosures, die individuelle Aneignung im Naturrecht verankert und sie zugleich auf eine Weise gerechtfertigt, die das Naturrecht überstieg und bis heute Gültigkeit hat.[26] Diese Legitimation wurde zur «weltlichen Bibel« des Bürgertums.[27]

Das erste »Naturgesetz«, mit dem Locke in seiner Zeit konfrontiert war, lautete: Die Schöpfung und damit auch der Mensch muss erhalten werden. Locke argumentierte: Um sich zu erhalten, muss sich der Mensch in irgendeiner Form Nahrung verschaffen. Diese Tätigkeit, das Pflücken einer Frucht beispielsweise, betrachtete Locke als individuelle Aneignung, und diese Aneignung – dies ist der springende Punkt – begründete zugleich das Recht auf Eigentum. Da der Mensch im Naturrecht Eigentümer seines Körpers ist, wird durch die Vermischung seines Körpers mit der Natur, qua Arbeit, die Natur zu seinem Eigentum: »Was immer er also dem Zustand entrückt,

---

Münzfälscher und -verschlechterer aufzuspüren und zu verfolgen: »Ausgerüstet mit der Todesstrafe, die auf Münzmanipulationen ausgesetzt war, startete der große Physiker eine obsessive Kampagne gegen Geldschneider und -fälscher. Er organisierte ein Spionagenetz und reiste persönlich und oft verkleidet in Gasthäuser, Schenken und Gefängnisse, um Fälscher ausfindig zu machen.« (McNally: Blut und Geld, S. 183) Zur Rolle des unmittelbaren Zwangs bei der Durchsetzung moderner Geldverhältnisse, vgl. ausführlich Stützle: »Blut- und schmutztriefend«, S. 230 ff.

26 In der Literatur gibt es keine Einigkeit darüber, ob Lockes »Naturzustand« jemals existierte oder eine argumentative Fiktion ist. Seine Bedeutung liegt dessen ungeachtet in seiner Legitimationsfunktion: Das als »natürlich« erkannte Verhalten ist naturrechtlich begründet (die »Natur des Menschen« ist vorgegeben) und daher unabänderlich. Daraus abgeleitete staatliche Strukturen sind in der Konsequenz unanfechtbar. Das Naturrecht kann vom bürgerlichen Recht nicht aufgehoben werden, es kann ihm nur entsprechen. Dies gilt dann natürlich auch für das Eigentumsrecht: Ist es – wie auch immer – naturrechtlich begründet, bleibt es ehernes, überpositives und unumstößliches Gesetz.

27 Jeremy Rifkin: Access. Das Verschwinden des Eigentums. Warum wir weniger besitzen und mehr ausgeben werden, Frankfurt a.M. 2000, S. 107.

den die Natur vorgesehen und in dem sie es belassen hat, hat er mit seiner Arbeit gemischt und ihm etwas Eigenes hinzugefügt. Er hat es somit zu seinem Eigentum gemacht.«[28]

Mit dieser Konstruktion eines rein physischen Vorgangs – die Vermischung von Arbeit und Natur – hat Locke die Arbeitstheorie des Eigentums begründet. Danach ist es die eigene Arbeit, die das Privateigentum rechtfertigt. Zugleich behauptete Locke eine gegenüber dem Gemeineigentum größere Produktivität: Wenn Arbeit das Recht gibt, das Ergebnis der Arbeit als Eigentum zu behalten, besteht auch ein größerer Anreiz, überhaupt zu arbeiten. Die berühmte Formel des Privateigentums lautet bis heute: Arbeit = Eigentum = Anreiz = Effizienz = Wachstum. Die Engführung von Eigentum und Arbeit führte Locke sogar so weit, Gemeineigentum mit unbearbeitetem Boden gleichzusetzen.

Diese Legitimation von exklusivem, individuellem Eigentum, die Locke durch seine Konstruktion der Vermischung von Arbeit und Natur noch im Naturrecht verankern konnte, in der eigentlich die Erde den Menschen gemeinsam gehörte, war ein radikaler Bruch in der Geschichte der Eigentumstheorien und hatte ungeheure Folgen. Dass Arbeit das Recht auf Eigentum begründet, wird bis heute als selbstverständlich, ja natürlich empfunden, als eine übergesetzliche Gewissheit.[29] Locke hat die individuelle Aneignung nicht nur naturrechtlich gerechtfertigt, sondern er hat zugleich die Grundüberzeugung der liberalen ökonomischen Theorie ausgesprochen, dass Privateigentum zu Wachstum und damit zu allgemeinem Wohlstand führe. Er gilt deshalb als »Vater des Liberalismus«.

Aber nicht nur das, Locke hat auch soziale Ungleichheit als natürlich legitimiert. Er war ganz Kind seiner Zeit, wenn er schrieb: »Das Gras, das mein Pferd gefressen, der Torf, den mein Knecht gestochen, und das Erz, das ich an irgendeiner

28 John Locke: Zwei Abhandlungen über die Regierung, Frankfurt a.M. 1998, S. 216.

29 Auch die heutige Eigentumsgarantie des Art. 14 GG hat eine »übergesetzliche« Begründung; so schrieb der Bundesgerichtshof Ende der 1950er-Jahre dem Recht auf Eigentum eine »von staatlicher Rechtssetzung unabhängige Geltung zu«, zitiert nach: Manfred Brocker: Arbeit und Eigentum. Der Paradigmenwechsel in der neuzeitlichen Eigentumstheorie, Darmstadt 1992, S. 345.

Stelle gegraben, wo ich ein Recht darauf in Gemeinschaft mit anderen habe, wird auf diese Weise mein Eigentum ohne die Anweisung oder die Zustimmung irgend jemandes.«[30] Er verstand unter »meiner« Arbeit automatisch auch die »seiner« Knechte. Der Rechtfertigung privater Aneignung ist das Herrschaftsverhältnis des Herrn über Natur und Knecht als natürlich vorausgesetzt. Mit der Behauptung, Geld sei schon im Naturzustand durch stillschweigende Übereinkunft der Menschen ein Wert beigemessen und es als Zahlungsmittel eingeführt worden, erscheint auch die Anhäufung von Reichtum als natürlich. Der israelische Historiker Ishay Landa konstatiert, Eigentum und kapitalistische Produktion seien bei Locke keine Vereinbarungen gewesen, die man politisch modifizieren konnte, vielmehr waren sie dem Naturrecht eingeschrieben, sie gingen dem Politischen voraus.[31]

Mit dem Verlust von Grund und Boden als Grundlage von Nahrung und Behausung war der Klasse der Beherrschten im Feudalismus die Lebensgrundlage entzogen. Es handelte sich daher um eine Enteignung in einem historischen, nicht um eine Enteignung in einem juristischen Sinne, wie sie heute diskutiert wird; das bürgerliche Recht war ja noch nicht durchgesetzt, es galten ganz andere Eigentumsverhältnisse, genauer: Es existierten andere soziale Beziehungen der Aneignung, die im Zuge der Einhegungen zerstört wurden und die mit der heutigen Kategorie des Eigentums wenig zu tun haben. Obwohl das moderne Eigentum, das Privateigentum, erst auf Grundlage der Zerstörung der ehemaligen feudalen Aneignungsverhältnisse entstehen konnte, ist die Geschichtlichkeit dieses Entstehungsprozesses wie ausgelöscht. Das Privateigentum präsentiert sich als ein quasi-natürliches Verhältnis, das anscheinend immer schon vorhanden war.

Die Zerstörung der vorkapitalistischen gesellschaftlichen Zusammenhänge war in diesem Sinne eine ungeheure *soziale Enteignung*. Ihr Ergebnis ist seither Grundlage der modernen

30 Locke: Zwei Abhandlungen, S. 217.

31 Ishay Landa: Der Lehrling und sein Meister. Liberale Tradition und Faschismus, Berlin 2021, S. 31.

kapitalistischen Produktionsweise. Während im Feudalismus noch für jeden ersichtlich war, dass der untergeordnete Landarbeiter nur einen Teil seiner Arbeitsfrüchte für sich nutzen konnte und einen anderen Teil dem Grundherrn abtreten musste, so sieht es im Kapitalismus so aus, als würden alle gleichermaßen die Früchte ihrer Arbeit ernten. Das ist, wie man gesehen hat, eine der zentralen Annahmen der Verfechter des Privateigentums. Von Marx wurde diese Auffassung einer grundlegenden Kritik unterzogen.

4 — Wessen Freiheit, welche Gleichheit?

»Das Geheimnis der Plusmacherei«

Für die Akteure in der modernen, kapitalistischen Gesellschaft stellt sich »die Wirtschaft« als eine eigene Sphäre dar. Dies tut sie als ein großer Zusammenhang von Kaufen und Verkaufen, unabhängig davon, ob es dabei um materielle Güter, Arbeitskraft oder Grund und Boden geht, alles kann gleichermaßen als Ware gegen Geld getauscht werden. In diesen millionenfachen Tauschakten treten sich die Besitzer von Waren und die Besitzer von Geld als Gleiche gegenüber, als Warenbesitzer sind sie grundsätzlich gleich. Als Tauschende folgen sie ihrem freien Willen, sie gehen Verträge freiwillig miteinander ein: Kaufverträge, Miet- oder Leihverträge, aber auch Arbeitsverträge, bei denen Arbeitskraft gegen Lohn getauscht wird.

Betrachtet man lediglich die millionenfachen Tauschakte, so scheint geleistete Arbeit die Voraussetzung dafür zu sein, weil im Tausch in der Regel Produkte getauscht werden, die das Ergebnis von Arbeit sind. Geld zum Tauschen verdient man sich durch Arbeit. Güter oder Dienstleistungen entstehen durch Arbeit. Wenn ich etwas tausche, ist das Eigentum daran längst geklärt, es ist dem Tausch vorausgesetzt. Was getauscht wird, gehört juristisch dem Tauschenden, sonst könnte er es nicht tauschen, es sieht also im Tauschakt so aus, als seien Arbeit und Eigentum eine Einheit, Arbeit der Grund von Eigentum. Von da ist es ein kleiner Schritt zum Eindruck, dass es die eigene Arbeit gewesen sein muss, die dieses Eigentum begründet hat.

Wenn man nun aber diese Perspektive der Zirkulation von Ware und Geld, die »einfache Warenzirkulation« (Marx), verlässt und die Sphäre der Produktion betritt, sieht alles etwas anders aus. Hier findet der Arbeitsprozess statt, das heißt, Güter und Dienstleistungen werden nicht getauscht, sondern hergestellt. Der kapitalistische Produktionsprozess ist aber nicht nur Arbeitsprozess, in dem konkret-stoffliche Güter oder Dienstleistungen mit einem bestimmten Gebrauchswert produziert bzw. erbracht werden. Marx unterscheidet zwischen *gesellschaftlicher Formbestimmung* und *stofflichem Inhalt.* Man sieht einem Weizenkorn nicht an, ob es unter feudalen oder unter kapitalistischen Herrschaftsverhältnissen angebaut wurde. Das Korn ist der *stoffliche Inhalt.* Die »Abgabe« an den Grundherrn (Feudalismus) und die »Ware«, als die sie in der modernen, kapitalistischen Marktwirtschaft verkauft wird, das sind beides historisch je unterschiedliche *gesellschaftliche Formen,* in denen das Weizenkorn vorliegt. *Kapitalistischer* Produktionsprozess ist nun nicht einfach nur Produktion von Gütern oder Dienstleistungen, er ist *zugleich* Verwertungsprozess:[1] Die Wertgröße der neu produzierten Waren muss größer sein als die Summe der bei der Produktion eingesetzten Waren.

Kein Kapitalist würde auch nur eine einzige Maschine in Gang setzen, gäbe es nicht diese Differenz, denn sie ist jene Quelle, aus der er seinen Reichtum schöpft. Die Quelle des Überschusses ist kein einfacher Aufschlag in der Kalkulationsabteilung eines Unternehmens. Quelle des Überschusses ist die menschliche Arbeitskraft der Beschäftigten. Der Kapitalist kauft sie auf dem Markt wie jede andere Ware auch. Er bezahlt den Wert dieser Ware (der sehr grob durch die gesellschaftlich normalen Reproduktionskosten der Arbeitskraft bestimmt ist, wovon noch die Rede sein wird) und konsumiert ihren Gebrauchswert. Dieser besteht darin, mithilfe von Werkzeugen, Maschinen und Rohstoffen neue Produkte herstellen zu können. Das heißt, der Kapitalist bezahlt nicht die Arbeit oder die hergestellten Produkte, sondern lediglich die Fähigkeit des Arbeiters, etwas Neues zu produzieren, neuen stofflichen Reichtum auf die Welt bringen zu können.

1 Die bürgerliche Ökonomie hat nach Marx in ihrer »brutalen Interessiertheit für den Stoff« diesen Unterschied vernachlässigt (Marx: Kapital I, MEW, Bd. 23, S. 565). Das erklärt auch, wieso Kategorien, die der kapitalistischen Gesellschaftsform angehören, wie Lohnarbeit, Tausch, Kapital, Geld etc., aus Sicht der bürgerlichen Ökonomie ähnlich wie das Eigentum für alle historischen Gesellschaften bis zurück in die Zeit der Jäger und Sammler Gültigkeit haben.

Da der Arbeiter an einem Arbeitstag einen größeren Wert bilden kann, als zu seiner eigenen Reproduktion nötig ist, erhält der Kapitalist beim Verkauf des hergestellten Produktes einen größeren Wert, als er selbst gezahlt hat. Ein Zahlenbeispiel mag das verdeutlichen: Ein Kapitalist bezahlt einer angestellten Tischlerin 200 Euro Lohn pro Arbeitstag. Die pro Tag verbrauchten Arbeitsmittel und Rohstoffe mögen zusammen ebenfalls 200 Euro kosten. Der Kapitalist muss also 400 Euro als Kapital vorschießen. Nehmen wir an, dass die Tischlerin pro Tag zehn Stühle herstellt. Durch Verausgabung ihrer Arbeit bildet sie neuen Wert, der zusammen mit dem Wert der verbrauchten Arbeitsmittel und Rohstoffe den Wert der produzierten Stühle ausmacht. Ist der Wert dieser zehn Stühle 500 Euro, dann hat die Tischlerin einen neuen Wert von 300 Euro gebildet: 200 Euro für verbrauchte Arbeitsmittel und Rohstoffe plus 300 Euro neu gebildeter Wert ergeben 500 Euro. Wenn der Kapitalist die Stühle zu ihrem Wert von 500 Euro verkauft, erhält er sein vorgeschossenes Kapital von 400 Euro zurück und macht zusätzlich einen Gewinn von 100 Euro, oder, wie Marx sagt, er erhält einen »Mehrwert« von 100 Euro. Für diesen Gewinn hat der Kapitalist keine Leistung erbracht, Marx spricht deshalb auch vom Mehrwert als Resultat »unbezahlter Arbeit«. Umgangssprachlich ist zwar häufig davon die Rede, dass man »sein Kapital« arbeiten lässt, wer aber tatsächlich gearbeitet hat, war die Tischlerin. Die Tischlerin hat über den Tageswert ihrer Arbeitskraft hinaus gearbeitet, nur so entsteht Mehrwert.

Aber warum hat die Tischlerin das gemacht? Weil sie keine Verfügungsgewalt über Produktionsmittel hat, selbst niemanden für sich arbeiten lassen kann. Weil sie nichts besitzt außer ihrer Arbeitskraft, sie diese also verkaufen *muss*. Auf der anderen Seite hat der Kapitalist die Verfügungsmacht über Produktionsmittel inne, verfügt damit über genug Kapital, sodass er Rohstoffe und Maschinen und schließlich auch die Arbeitskraft der Tischlerin kaufen kann. Aufgrund dieser unterschiedlichen Verhältnisse im Zugang zu den Produktionsmitteln kann sich der moderne Kapitalist einen Teil des von der Tischlerin gebildeten Werts ohne jede Gegenleistung aneignen, genauso wie sich der feudale Grundherr einen Teil der Produkte und der Arbeitsleistung der von ihm abhängigen Landarbeiter aneignen konnte.[2]

Diesen Mehrwert kann der Kapitalist zusammen mit dem ursprünglichen Kapital für einen erneuten, erweiterten Produktionsprozess vorschießen – er hat ja nun mehr Kapital als vorher –, und er kann einen Teil davon für sich abzweigen. Abermals kauft er Arbeitskraft, Rohstoffe etc., abermals erhält er am Ende des Prozesses ein Produkt, das mehr Wert hat, als er dafür vorschießen musste. Das nannte Marx Akkumulation des Kapitals. In anderen Worten: Mit dem Mehrwert, den sich der Kapitalist ohne Gegenleistung angeeignet hat, kauft er erneut Arbeitskraft und Arbeitsmittel, um noch mehr Stühle produzieren zu lassen, die ihm wiederum einen Mehrwert einbringen, den er sich ohne Gegenleistung aneignet.

Beim allerersten Produktionsakt könnte man noch davon ausgehen, dass das vom Kapitalisten eingebrachte Kapital aus seiner eigenen Arbeit stammte. Selbst wenn dem so wäre (und wir haben oben gesehen, dass die wirkliche Geschichte eine andere war), im Verlauf der Akkumulation des Kapitals und der ständigen Wiederholung des Arbeits- und Verwertungsprozesses entsteht immer mehr Kapital durch die Aneignung unbezahlter Arbeit, mit der wieder und wieder unbezahlte Arbeit angeeignet wird. Das Gesetz des Privateigentums, wonach Eigentum nur durch eigene Arbeit begründet würde, schlägt »durch seine eigne, innere, unvermeidliche Dialektik in sein direktes Gegenteil um«.[3]

2 Gegen diese Argumentation werden häufig zwei Einwände vorgebracht. (1) »Der Kapitalist arbeitet doch auch, er plant zum Beispiel Produktion und Verkauf, der Gewinn ist die Bezahlung dieser Arbeit.« Dass der Kapitalist selbst mitarbeitet, kommt durchaus vor. Wenn das Unternehmen aber groß genug ist, kann es sich der Besitzer leisten, für diese Arbeiten einen Manager einzustellen und zu bezahlen und es bleibt ihm trotzdem noch ein erheblicher Gewinn. Besonders deutlich wird dies bei Aktiengesellschaften: Die ausgezahlte Dividende richtet sich einzig nach der Größe des Aktienbesitzes und hat nichts mit irgendeiner Arbeitsleistung des Aktionärs zu tun. (2) »Der Kapitalist könnte sein Kapital auch konsumieren; nur weil er das nicht tut, kann die Tischlerin überhaupt arbeiten, und dafür erhält er dann den Gewinn.« Auch wenn der Kapitalist das Kapital zur Verfügung stellt, gearbeitet und produziert wird von der Tischlerin. Dass der Kapitalist überhaupt in der Lage ist, Kapital bereitzustellen, liegt an den ungleichen Eigentumsverhältnissen.

3 Marx: Kapital I, MEW, Bd. 23, S. 610.

Das ist der berühmte marxsche »Umschlag der Aneignungsgesetze«. Marx meint damit aber nicht, dass es historisch einen solchen Umschlag gegeben hätte, dass Arbeit und Eigentum an irgendeinem Punkt der Geschichte mal »identisch« gewesen wären und erst der Kapitalismus das geändert hätte. Es geht vielmehr um einen dem Kapitalismus immanenten Schein: Die Verhältnisse der einfachen Zirkulation von Ware und Geld bringen den Schein hervor, als würde eigene Arbeit Eigentum begründen. Die Analyse zeigt dann erstens, dass diese einfache Zirkulation nur die Oberfläche eines tiefer liegenden Prozesses ist, nämlich des kapitalistischen Produktionsprozesses. Und zweitens, dass dieser Prozess auf der Aneignung unbezahlter Arbeit beruht, dass also das Eigentum jener, die über Produktionsmittel und Naturschätze verfügen, *gerade nicht durch eigene Arbeit entsteht, sondern durch Aneignung fremder Arbeit.* Bei Grund und Boden erhalten deren Eigentümer in den regelmäßigen Zahlungen der Mieterinnen und Pächter nicht nur die Deckung ihrer Kosten zurück, sondern auch einen Anteil, der darüber hinaus geht und als Rendite fungiert. Auch diese Rendite ist Aneignung fremder Arbeit und hat keine eigene Arbeit der Grundbesitzer zur Grundlage.

Manche Kritiker des Kapitalismus fordern mitunter, man müsse dafür sorgen, dass die Arbeitenden die gesamten Früchte ihrer Arbeit bekommen, also nicht für den Reichtum anderer umsonst arbeiten. Eine solche Position unterstellt offensichtlich, dass es die eigene Arbeit ist, die das Recht auf Eigentum an den Früchten der Arbeit legitimiert. Sie will einen »gerechten Lohn«, also den ganzen Ertrag. Damit erliegen solche Kritiker dem gleichen Schein wie die Verfechter des Privateigentums. Während diese davon ausgehen, dass die Identität von Arbeit und Eigentum in einer Privateigentumsordnung verwirklicht sei, meinen jene, eine gerechte Eigentumsordnung müsse erst noch verwirklicht werden, man sehe ja am Gewinn des Kapitalisten, dass die Identität von Arbeit und Eigentum noch nicht vorhanden ist. Diese Art von Kritik will den vom Kapitalismus hervorgebrachten Schein nicht zerstören, sondern verwirklichen. In keiner Produktionsweise können die

Arbeitenden aber den gesamten von ihnen produzierten Reichtum erhalten: Es muss stets einen Fonds für diejenigen geben, die nicht arbeitsfähig sind (Alte, Kranke, Kinder), und ein Teil des produzierten Reichtums muss für die Erneuerung und zuweilen auch die Erweiterung der Produktionsmittel verwendet werden. Das grundlegende Problem ist nicht, dass die Arbeitenden nicht ihr gesamtes Produkt erhalten, sondern wer und nach welchen Kriterien darüber entscheidet, wie viel von diesem Produkt einbehalten und für welche Zwecke es verwendet wird.

Der Lohn der Arbeitenden dient dazu, dass sich ihre Arbeitskraft erhält und stets erneuert. Zu dieser Reproduktion der Arbeitskraft gehören Nahrungsmittel, Gesundheitsversorgung, Kleidung, Teilnahme am kulturellen und gesellschaftlichen Leben sowie Wohnen und Reisen. Auch die unbezahlte und immer noch meist von Frauen erledigte Fürsorge- und Haushaltsarbeit zählt dazu. Diese unbezahlte Arbeit trägt dazu bei, dass die Arbeitskraft jeden Morgen frisch gekämmt, mit gebügeltem Hemd und gefüttert am Arbeitsplatz erscheint. Das Unternehmen erhält diese Arbeit gratis dazu.

Qualität und Umfang der Lebensmittel der Arbeitenden können historisch und auch innerhalb der Klasse der abhängig Beschäftigten enorm variieren, die Lohnabhängigen können relativ zu dem von ihnen produzierten Reichtum mehr oder weniger arm sein, sie können mehr oder weniger persönliches Eigentum anhäufen,[4] aber nur in Ausnahmen so viel, dass es für Eigentum an Produktionsmitteln reicht. Wie groß der Umfang dessen ist, was sich die Lohnabhängigen von ihrem produzierten Reichtum zurückkaufen können, um ihre Arbeitskraft zu erhalten, hängt von vielen Faktoren ab, unter anderem von gesellschaftlichen Kräfteverhältnissen, von der Stärke der Gewerkschaften, davon, welche Politik die Regierung verfolgt, welche Ideologien in einer Gesellschaft vorherrschen, welche Arbeit wie bedeutsam ist. Und es hängt von konkreten ökonomischen Rahmenbedingungen ab. So hat

4 Vgl. Karl Marx: Das Kapital. Dritter Band, in: MEW, Bd. 25, S. 829.

sich im Zuge der kapitalistischen Globalisierung in den letzten Jahrzehnten die weltweite Konkurrenz verschärft, nationales Kapital musste »wettbewerbsfähiger« werden, der Faktor Arbeit musste sich dem unterordnen. Auch die »Agenda 2010« wurde damit begründet. Die Höhe des Lohns hängt also immer ab von Markt- und Machtverhältnissen.

Privateigentum, also Eigentum an Produktionsmitteln, ist eher selten. Die Vermögensbefragung der Deutschen Bundesbank konstatierte für 2017, dass nur 10 Prozent der privaten Haushalte in Deutschland Betriebsvermögen besitzen, darunter auch sehr kleines. Das heißt, größeres Betriebsvermögen ist auf noch erheblich weniger Haushalte konzentriert: Betriebsvermögen, so die Bundesbank, »ist ebenso wie Aktienvermögen bei den vermögenden Haushalten im oberen Teil der Verteilung konzentriert und eine der am ungleichsten verteilten Vermögensarten«.[5] Daran hat sich seit 2017 – wenig überraschend – nicht viel geändert.[6]

Die *soziale Enteignung*, die die historische Voraussetzung für die Entstehung der kapitalistischen Produktionsweise war, muss als deren Existenzbedingung weiter fortdauern. Diese Trennung der Klasse von ihren Produktionsmitteln brauchte aber eine Form, die ihre Arbeitskraft und die Produktionsmittel wieder miteinander verbindet. Es ist das bürgerliche Recht, das diese Verbindung ermöglicht, indem der Tausch von Ware (Arbeitskraft) gegen Geld (Lohn) rechtlich abgesichert wird. Auf diese Weise ist Getrenntes wieder verbunden, und zwar ohne direkte und jedesmalige staatliche Intervention. Es steht kein Staatsbeamter neben der Kasse und kontrolliert, ob ich den Kasten Wasser wirklich bezahle. Die Rechtsordnung legt das fest und das dahinterstehende Gewaltmonopol des Staates stellt es sicher. Das Eigentumsrecht garantiert auch, dass dem

5 Deutsche Bundesbank: Vermögen und Finanzen privater Haushalte in Deutschland: Ergebnisse der Vermögensbefragung 2017, Monatsbericht 4/2019, S. 27.

6 Vgl. Deutsche Bundesbank: Vermögen und Finanzen privater Haushalte in Deutschland: Ergebnisse der Vermögensbefragung 2021, Monatsbericht 4/2023. Vgl. auch Stephan Kaufmann: Geld allein macht nicht glücklich. Mythen und Irrtümer zum Reichtum, luxemburg argumente, hrsg. von der Rosa-Luxemburg-Stiftung, Berlin 2023, S. 15.

Kapitalisten die Arbeitsergebnisse seiner Arbeiter automatisch gehören. Wird gegen diese Rechtsformen verstoßen, tritt die Staatsgewalt auf und greift ein.[7]

Das bürgerliche Recht gewährleistet somit, dass alle Menschen formell (rechtlich) gleich sind, aber nicht vom materiellen Inhalt (ökonomisch) her. Diese juristische Form »qualifiziert alle Leute als gleichmäßig ›eigentumswürdig‹, macht sie aber keineswegs zu Eigentümern.«[8] Anders gesagt: Formell gleich bedeutet nicht, dass alle Eigentümer sein müssen, sondern dass alle Leute von Rechts wegen Eigentümer sein *können*. Das Verhältnis von Sklavenhalter und Sklave wurde nicht mit einem Vertrag geregelt und auch im Mittelalter gab es eine »weitgreifende Ungleichheit der Rechtsfähigkeit«.[9] Erst das Verhältnis zwischen Kapitalisten und doppelt freiem Lohnarbeiter (frei von persönlicher Abhängigkeit und frei vom Eigentum an Produktionsmitteln) wurde über einen Vertrag rechtlich gleicher, aber materiell ungleicher Subjekte verbrieft. Ein Verhältnis, das die Ungleichheit verschleiert: »In einem Netz rechtsförmlich regulierter Beziehungen sind alle als Rechtssubjekte gleichbehandelt, und diese Gleichbehandlung verbirgt gerade den Klassencharakter, den dieses Netz als solches darstellt. Dies ist Sinn und Charakter des bürgerlichen Rechtsstaats.«[10]

Privateigentum hat also drei Voraussetzungen: Historisch beruht es auf *sozialer Enteignung*, im Rahmen kapitalistischer Produktionsweise auf *ökonomischer Ungleichheit* und auf *rechtlicher Gleichheit*. Während die ökonomische Dimension die ungleich verteilte Verfügungsmacht über die Produktionsmittel und damit ein Klassenverhältnis beschreibt, ist die juris-

7 Beim Eigentum an Produktionsmitteln oder beim Eigentum an den Arbeitsprodukten reagiert das Kapital empfindlich und der Staat streng, z. B. wenn einer Küchenhelferin gekündigt wurde, weil sie unerlaubt ein Brötchen mit nach Hause genommen hatte.

8 Eugen Paschukanis: Allgemeine Rechtslehre und Marxismus. Versuch einer Kritik der juristischen Grundbegriffe, Freiburg 2003, S. 127.

9 Ebd., S. 119.

10 Elmar Altvater: Staat und gesellschaftliche Reproduktion. Anmerkungen zur Diskussion um den Planstaat, in: Volkhard Brandes/Jürgen Hoffmann/Ulrich Jürgens/Willi Semmler (Hrsg.): Staat. Handbuch Bd. 5., Frankfurt am Main 1977, S. 88.

tische Dimension die Form, in der die von ihren Produktionsmitteln getrennten tätigen Menschen zu einem neuen Zweck verbunden werden. Damit ist aber auch klar, dass sich die Kritik an Privateigentum ausschließlich auf privat ausgeübte Verfügungsmacht über Produktionsmittel bezieht (und nicht auf persönliches Eigentum), aus der erst die soziale Ungleichheit resultiert. Ökonomische Ungleichheit und rechtliche Gleichheit sind damit zwei Seiten *derselben* Medaille. Soziale Ungleichheit kann zwar mehr oder weniger stark ausgeprägt sein, sie bleibt aber Voraussetzung der kapitalistischen Produktionsweise und sie ist zugleich ihr Ergebnis. In den Worten von Marx: »Jene Bedingungen, wie diese Verhältnisse, sind einerseits Voraussetzungen, andrerseits Resultate und Schöpfungen des kapitalistischen Produktionsprozesses; sie werden von ihm produziert und reproduziert.«[11]

Der Kampf um soziale Gleichheit ist daher eine Sisyphusarbeit, bei der der Stein mal weiter, mal weniger weit hoch gerollt wird, aber immer wieder zurückrollt. Linke oder gewerkschaftliche Verteilungskritik setzt in der Regel nur da an, wo eine verbesserte Reproduktion der Ware Arbeitskraft erkämpft werden soll. Gekämpft wird um höheren Lohn oder mehr staatliche Transferleistungen. Die grundsätzliche Ungleichheit in der Verteilung der Produktionsmittel, die auch bedeutet, dass eine kleine Minderheit darüber entscheidet, wie die Produktionsmittel eingesetzt werden, was und zu welchem Zweck produziert wird, wird nicht infrage gestellt. Die Verteilungskämpfe bleiben daher, wenn sich sonst nichts ändert, in einem ständig prekären Rahmen. An der grundsätzlichen Lebensunsicherheit ändern sie nichts, weil die Beschäftigten von der Rentabilität des Kapitals abhängig bleiben. Sie sind disponibles Menschenmaterial, lediglich Mittel zum Zweck, sie werden je nach Bedarf des Kapitals eingesetzt oder entlassen. Dennoch sind die Kämpfe für mehr Lohn und bessere Arbeitsbedingungen unverzichtbar, da sie die unsicheren Lebensverhältnisse wenigstens temporär verbessern können.

11 Marx: Kapital III, MEW, Bd. 25, S. 827.

Nun stellt sich aber die Frage, wie diese historisch spezifische Verfügungsmacht über Produktionsmittel und Arbeitskraft zu einer dermaßen effektiven Produktionsweise führen konnte. Sie ist der Grund, warum Privateigentum gegenüber Gemeineigentum für überlegen gehalten wird. Allerdings ist dieser Produktionsweise auch eine zerstörerische Seite inhärent, die in dieser Ideologie ausgeblendet wird. Beides – die Effizienz wie die Destruktivität – sind im Folgenden zu betrachten.

Fluch und Segen: Die Effizienz des Privateigentums

Während in vorkapitalistischen Gesellschaften die Aneignung von Natur das Mittel zur Befriedigung konkreter menschlicher Bedürfnisse war (Kartoffeln wurden angebaut und geerntet, um sie zu essen), ist unter kapitalistischen Bedingungen die Aneignung von Natur zum Mittel geworden, aus Kapital mehr Kapital zu machen (Kartoffeln werden angebaut und geerntet, um sie zu verkaufen, mit dem Ziel, das vorgeschossene Kapital zu vermehren). Kapital ist kein Gegenstand und keine Summe Geld im Safe oder im Sparstrumpf. Kapital ist Ausdruck eines spezifischen sozialen Verhältnisses: Es ist eine Summe Geld, das mit der Absicht eingesetzt wird, es zu vermehren. Diese Vermehrung von Kapital ist zum Selbstzweck geworden.

Mit dem Wandel der gesellschaftlichen Produktionsweise im Übergang vom Feudalismus zum Kapitalismus veränderte sich wie gesehen zugleich auch das Klassenverhältnis. Der Auflösungsprozess (die soziale Enteignung), der »eine Masse Individuen einer Nation« in freie Lohnarbeiter verwandelte, verwandelte auch die »Daseinsweise« der Produktionsbedingungen.[12] Bodenfrüchte, Produktionsmittel, Arbeitskraft, Rohstoffe, Werkzeuge – all das wurde zum *Mittel der Kapitalvermehrung*. Erinnern wir uns daran, dass Marx als Methode seiner Analyse die gesellschaftliche Form von ihrem stofflichen Inhalt unterscheidet. Damit begreifen wir, warum die

12 Karl Marx: Grundrisse der politischen Ökonomie, in: MEW, Bd. 42, S. 410.

Produktion von stofflich bestimmtem Reichtum im Kapitalismus unaufhörlich in Gang gehalten wird, koste es, was es wolle. Die konkreten, sinnlich fassbaren Stoffe wie beispielsweise Naturressourcen, liegen in der *gesellschaftlichen Form* des Kapitals vor. Ihre Verwertung macht genau deshalb nicht Halt an den Grenzen von Natur oder Mensch, weil die gesellschaftliche Form dem stofflichen Inhalt gegenüber *gleichgültig* ist. Das einzige Maß der Kapitalverwertung besteht darin, dass das abstrakte »Mehr« immer besser ist als ein Weniger, genauer: Mehr als an Kapital vorgeschossen wurde ist immer besser als weniger. Dieses »Mehr« kennt keine Grenze nach oben, die durch das Kapital selbst bestimmt wäre.

Der Verwertungsprozess ist aber auch »endlos«: Wenn sich das Kapital bisher schon verwertet hat, gibt es keinen dem Kapital *immanenten* Grund, aufzuhören. Der stoffliche Inhalt, den das Kapital zu seiner Vermehrung nutzt, ist dagegen qualitativ bestimmt. Die Qualität kennt zwar auch eine Quantität, sie ist aber auf ihren je stofflichen Inhalt bezogen (fünf Tonnen Kohle, 100 Barrel Öl etc.). Hier gibt es daher ein konkretes Maß, mit dem eine potenzielle Endlichkeit vorhersagbar ist. So hat das Global Footprint Network, ein in den USA ansässiges Wissenschaftsnetzwerk, den »Erdüberlastungstag« für das Jahr 2023 auf den 2. August datiert. An diesem Tag waren die Ressourcen der Erde für ein ganzes Jahr bereits verbraucht.[13]

Der spezifische, qualitative Charakter der Natur steht im Widerspruch zur Maß- und Endlosigkeit des Kapitals. Naturressourcen liegen erstens nicht unbegrenzt vor und zweitens, sind sie vernutzt, benötigen sie Zeit zur Regeneration, wenn sie nicht vollständig vernutzt sind. Natur entzieht sich einem unaufhörlichen, lückenlosen Zugriff. Schon die wechselnden Jahreszeiten und damit einhergehenden Witterungsbedingungen sind Zeugnis von der »Autonomie der Natur«.[14] Sie lässt sich dem Takt des Kapitals nicht ohne Folgen unterord-

13 Erdüberlastungstag am 2. August. Weltbevölkerung hat Ressourcen für 2023 verbraucht, Tageschau, 26.7.2023, https://www.tagesschau.de/inland/erdueberlastungstag-ressourcen-102.html.

14 Vgl. Simon Schaupp: Stoffwechselpolitik. Arbeit, Natur und die Zukunft des Planeten, Frankfurt a. M. 2024, S. 32–35.

nen. Abgesehen von solcherart gegebenen Bedingungen für die Reproduktion des Menschen, werden Umweltbedingungen stets beeinflusst und verändert durch den im Arbeitsprozess stattfindenden Stoffwechsel zwischen Mensch und Natur, was wiederum auf die Bedingungen dieses Stoffwechsels zurückschlägt. Das Ausmaß dieser Veränderungen kann dabei historisch variieren. Die Folgen des Klimawandels durch die Nutzung fossiler Energien für den kapitalistischen Reproduktionsprozess sind allerdings beredtes Beispiel dafür, wie eine menschliche soziale Formation es historisch erstmals vermag, die Lebensgrundlage von massenhaft Menschen zu beeinträchtigen oder zu zerstören, wenn sie nicht gar droht, den ganzen Planeten für Menschen unbewohnbar zu machen.

Die Gleichgültigkeit der Kapitalverwertung gegenüber ihrem stofflichen Inhalt ist dabei kein Ausdruck eines schlechten Charakters des Kapitalisten. Sie ist vielmehr den kapitalistischen Handlungsstrukturen inhärent, wie wir gleich sehen werden. Würden die natürlich-stofflichen Grenzen von einem einzelnen Unternehmen berücksichtigt, dann wäre auch die private Aneignung von Reichtum erheblich vermindert, und das würde dann auch die einzige Einkommensquelle derjenigen beeinträchtigen, die kein Eigentum an Produktionsmitteln haben – ihre Arbeitskraft wäre nicht mehr im selben Umfang gefragt. Die sozialen Widerstände sowohl von den Unternehmensführungen als auch von den Arbeitern bei der Schließung von Kohleminen zeigen anschaulich, dass beide soziale Gruppen davon abhängig sind, dass die Maschine ungebremst weiterläuft.

Aus Kapital mehr Kapital zu machen, diese Bewegung können nur jene initiieren, die die Verfügungsgewalt über Produktionsmittel haben. Dass Maßlosigkeit und Endlosigkeit des Kapitals nicht nur Möglichkeit sind, sondern Wirklichkeit werden, das Kapital also stets in Bewegung, stets auf der Suche nach der maximal höchsten Verwertung bleibt, dafür sorgt die Konkurrenz unter jenen, die diese private Verfügungsgewalt innehaben. Die Konkurrenz bildet den Motor des Wachstumszwangs. Jedes Kapital muss, wenn es am Markt bestehen will, bei Strafe des ökonomischen Untergangs immer versuchen, in der Konkurrenz besser zu sein als die anderen. Natürlich gibt es Unternehmen, die versuchen, sich diesem Druck zu entziehen, die selbst durchaus kritisch sind gegenüber der Logik der maximalen Steigerung von Renditen, die langfristig, nicht kurzfristig, agieren wollen und eher bestands- denn gewinnorientiert. Aber der Handlungsstruktur der Konkurrenz können sie sich nicht vollständig entziehen.

Unternehmen haben verschiedene Mittel zur Verfügung, um sich in der Konkurrenz zu behaupten: Die wichtigsten sind die Verlängerung der Arbeitszeit und der Einsatz von mehr und immer besserer Maschinerie, um die Arbeitszeit je produzierter Einheit zu verringern. Konnte eine Person mit einfachen Werkzeugen in einer Stunde zwei Stühle produzieren, kann sie mithilfe einer Maschine in einer Stunde fünf herstellen; der einzelne Stuhl kann dann billiger verkauft werden. Eine Weile lang hat der Stuhlfabrikant damit in der Konkurrenz die Nase vorn, für diese Zeit ist er ganz besonders interessiert, diesen Vorteil möglichst gut auszunutzen, das heißt eine maximale Anzahl seiner billigeren Produkte auf den Markt zu drücken. Die anderen werden schließlich die gleiche Maschine anschaffen, damit gleicht sich der Vorteil wieder aus. Bis der nächste Konkurrenzvorteil gefunden wird. Bei der Weiterentwicklung der Maschinerie von der Dampfmaschine bis zum Roboter geht es in jedem Fall darum, Kosten einzusparen.[15] Man sieht: Den kapitalistischen Konkurrenzbeziehungen ist die Tendenz zu einer wachsenden Produktion tief eingeschrieben. Hier liegt die Wurzel der Destruktivität der kapitalistischen Produktionsweise.

Auch die Verdichtung oder Intensivierung der Arbeit kann eine Methode sein, den Mehrwert relativ zu steigern, ebenso wie innovative Managementmethoden. Die Konkurrenz erlegt dem Kapital den Zwang auf, die Produktionsmethoden ständig

15 Die Idee, dass Roboter irgendwann die lebendige Arbeit vollständig ersetzen könnten, wie viele seit einiger Zeit befürchten, ist unter kapitalistischen Bedingungen allerdings unwahrscheinlich; vgl. Florian Butollo/Sabine Nuss (Hrsg.): Marx und die Roboter. Vernetzte Produktion, Künstliche Intelligenz und lebendige Arbeit, Berlin 2019.

zu revolutionieren. Will das Kapital überleben, muss es sich durch immer wieder neue Produktionsprozesse verwerten bzw. vermehren, damit es die neuen Produktionsmethoden auch finanzieren kann, mit denen es in der Konkurrenz zu bestehen versucht. Die Paradoxie dieser Produktionsweise hat der Sozialphilosoph André Gorz einmal prägnant formuliert: »Man arbeitet nicht mehr, um zu produzieren, sondern produziert, um zu arbeiten.«[16]

Da Kapital kein Maß kennt und durch die Konkurrenz angetrieben wird, Mensch und Natur ständig in Produktion zu halten, stößt die Ausbeutung der Natur an immer wieder neue Grenzen. In den gegenwärtigen gesellschaftlichen Auseinandersetzungen um den Klimawandel konzentriert man sich darauf, »die Wirtschaft« ökologisch auszurichten, entweder durch staatliche Intervention (z. B. Steuern, Industriepolitik) oder durch Schaffung von Marktinstrumenten. Maßnahmen, um den Klimawandel zu verlangsamen, müssen sich an der Rentabilität des eingesetzten Kapitals und am Erhalt von Arbeitsplätzen messen. Es ist zweifelhaft, ob das gelingen kann und vor allem: ob angesichts des voranschreitenden Klimawandels die Zeit noch ausreicht, um eine »grüne Marktwirtschaft« oder einen »grünen Kapitalismus« auszuprobieren.

In der Literatur ist umstritten, ob eine Entkopplung des Wachstums vom Ressourcenverbrauch bzw. von umweltschädlichen Ressourcen wirkungsvoll machbar ist. Kritisch wird immer wieder der sogenannte Rebound-Effekt erwähnt. Ein Beispiel für einen solchen Effekt ist, dass die Marktsubjekte, wenn sie auf der einen Seite sparen (wegen energieeffizienteren Konsums), das ersparte Geld wieder an anderer Stelle ausgeben. Beliebtes Beispiel ist auch der Fernseher, der zwar energiesparender geworden ist, aber dafür größer. Oder das Auto, das zwar weniger Benzin verbraucht, aber auch größer und schwerer geworden ist. Eine Wirtschaftsweise, die alle davon abhängig macht, dass Menschen möglichst viel konsumieren, kann schwerlich nachhaltig sein.

16 André Gorz: Das Ende der Politik der Vollbeschäftigung, in: Technologie und Politik. Das Magazin zur Wachstumskrise 15, Hamburg 1980, S. 21.

Es gibt noch viele weitere Beobachtungen, die illustrieren, wieso und woran ein »grüner Kapitalismus« scheitern muss bzw. warum er nur begrenzt wirksam sein kann.[17] Selbst wenn die Industrieländer den Weg eines Green Deals einschlagen, und dieser Weg wird von einigen Nationen versucht,[18] braucht es auch für den Einsatz sogenannter grüner Technologien Rohstoffe. Der Übergang zur Elektromobilität zeigt dies aktuell anschaulich: »Mit ihm verschieben sich die sozial-ökologischen Probleme nur, etwa von der Extraktion fossiler auf die metallischer Rohstoffe.«[19] Und ungeachtet der Bemühungen für einen »grünen Kapitalismus« steigt der Verbrauch fossiler Energieträger weltweit weiter an, »buchstäblich befeuert durch einen wachsenden Energiebedarf der Weltwirtschaft etwa im Zuge der Digitalisierung, aber auch durch hohe Energiepreise.«[20] Solange die Kapitalanlage in fossile Energieträger rentabel bleibt, solange besteht kein Grund für das Kapital, nicht dort zu investieren.

Aber nicht nur Natur, auch die menschliche Arbeitskraft ist Mittel der Kapitalverwertung, mit entsprechenden Folgen. Zwar sind in den sogenannten Wohlfahrtsstaaten die Arbeitsverhältnisse reguliert und der Ausbeutung Schranken gesetzt, aber diese sozialen Errungenschaften bleiben stets prekär, während sich zugleich neue Phänomene wie Burn-out oder andere stressbedingte psychische Krankheiten ausbreiten. Arbeit unter massiv gesundheitsgefährdenden Bedingungen bis hin zu Kinderarbeit ist nach wie vor fester Bestandteil des kapitalistischen Weltarbeitsmarkts.

Die Herrschaft des Privateigentums beschränkt sich nicht auf Verfügungsmacht über Produktionsmittel; es geht vor allem darum, wie diese Macht ausgeübt wird und wen und was sie in Bewegung setzt. Genau darin unterscheiden sich die his-

17 Zur Kritik der »grünen Ökonomie« vgl. Kohei Saito: Systemsturz. Der Sieg der Natur über den Kapitalismus, München 2023, S. 233.

18 Vgl. Ulrich Brand/Markus Wissen: Kapitalismus am Limit. Öko-imperiale Spannungen, umkämpfte Krisenpolitik und solidarische Perspektiven, München 2024, S. 71–95.

19 Ebd., S. 71.

20 Ebd., S. 16.

torischen Eigentumsformen. In einer kapitalistischen Marktwirtschaft treibt die Konkurrenz das Kapital dazu an, die höchstmögliche Verwertung zu erzielen, um dann einen erneuten Produktionsprozess zu finanzieren und initiieren zu können. Aber immer nur als Mittel, um das eingesetzte Kapital zu verwerten. Das Versprechen des Privateigentums ist damit eingelöst. Tatsächlich wohnt dieser Verfügungsmacht, das heißt diesem spezifischen Herrschaftsverhältnis, eine Dynamik zu ständiger Innovation inne. Kapital möglichst hoch (relativ zum eingesetzten Kapital) zu verwerten ist das Ziel, die ständigen Innovationen sind ihr Mittel. Daraus entsteht die viel gerühmte Effizienz des Privateigentums. Es ist eine historisch bestimmte, nämlich kapitalistische Effizienz. Marx war voll der Anerkennung angesichts dieser Innovationskraft: »Es ist eine der zivilisatorischen Seiten des Kapitals, dass es diese Mehrarbeit in einer Weise und unter Bedingungen erzwingt, die der Entwicklung der Produktivkräfte, der gesellschaftlichen Verhältnisse und der Schöpfung der Elemente für eine höhere Neubildung vorteilhafter sind als unter den frühern Formen der Sklaverei, Leibeigenschaft usw.«[21] Allerdings ist diese Effizienz Fluch und Segen zugleich, da sie in hohem Maße zerstörerisch ist. Der Zwang zur Kapitalverwertung untergrabe »die Springquellen allen Reichtums: die Erde und den Arbeiter«, so Marx.[22] Wer also die Effizienz des Privateigentums lobt und Innovation meint, sollte vom Wachstumszwang und seinen Folgen nicht schweigen: »Beide Narrative sind Teil der kapitalistischen Realität.«[23]

Die Ideologie des Privateigentums

Knappe Güter

Im Lichte der hier vorgelegten Analyse des Privateigentums können wir nun auch hinterfragen, was es mit den Versprechen bzw. den Annahmen, die diesem zugrunde liegen, auf sich hat. Beginnen wir mit einer der grundlegenden Annahmen: Die Güter sind knapp, und zwar gemessen an den

21 Marx: Kapital III, MEW, Bd. 25, S. 827.

22 Marx: Kapital I, MEW, Bd. 23, S. 530.

23 Erik Olin Wright: Linker Antikapitalismus im 21. Jahrhundert, Hamburg 2019, S. 12.

Bedürfnissen der Menschen. Hört sich plausibel an, ist es aber nicht, denn Orangensaft ist in dieser Lesart immer knapp, unabhängig davon, wie viel Orangensaft es gibt, wie viel man davon produzieren könnte und wie viel Menschen überhaupt danach dürsten. Denn die eine Seite ist begrenzt, die andere unbegrenzt. Ob ein konkretes Gut aber wirklich knapp ist, ergibt sich immer nur im Vergleich mit den tatsächlich vorhandenen Bedürfnissen und den vorhandenen Ressourcen. Wenn niemand in einer Gesellschaft Orangen konsumieren wollte, wäre schon ein Beutel dieser Früchte mehr als ausreichend, um die gesellschaftlichen Bedürfnisse zu befriedigen.

Dieses konkrete Bedürfnis wird in einer auf Privateigentum beruhenden kapitalistischen Marktökonomie nicht daran gemessen, was gesellschaftlich möglich und erwünscht wäre zu produzieren, sondern es wird danach beurteilt, ob es als Mittel dazu taugt, das für seine Herstellung investierte Kapital zu vermehren. Was kapitalistisch orientierte Wirtschaftssubjekte an ihrer stofflichen und konkreten Welt interessiert, ist, ob sie daraus etwas entnehmen können, um es zu Geld zu machen. Mit Orangensaft kann man das zum Beispiel. Aber nur, wenn er verkauft wird, das heißt bezahlt wird.

Geld ist die einzige (legale) Möglichkeit, an die produzierten Waren zu kommen. Damit man Waren nicht ohne Geld erhält, gibt es Zugangsbeschränkungen, wie Zäune, Überwachungskameras, Diebstahlsicherungen etc. Ausschluss und Zugangsbeschränkungen sind die Mittel, mit denen der gesellschaftlich produzierte Reichtum künstlich knappgehalten wird, unabhängig davon, wie viel davon vorhanden ist. Deutlich wird das unter anderem daran, dass an einem Ort Nahrungsmittel oder Konsumgüter vernichtet werden (besonders in Krisenzeiten), während woanders Menschen hungern oder im Elend leben, oder dass Häuser leer stehen, während direkt daneben Menschen ohne Obdach leben müssen. Auch hier hilft die marxsche Unterscheidung von gesellschaftlicher Form und stofflichem Inhalt. Stofflich knapp sind Güter dann, wenn sie wirklich nicht ausreichend für alle zur Verfügung stehen. Angenommen, es gäbe nur Holz für 100 Tische aber

1000 Menschen wollen einen haben, dann handelt es sich um eine natürliche Knappheit. Angenommen nun, es gäbe mehr als genug Holz für alle, sagen wir, man könnte 2000 Tische für 1000 Menschen machen, dann gäbe es einen Überfluss an Tischen und es würde jeder Vernunft widersprechen, dass man so viele Tische herstellen würde, wenn man um das eigentliche oder tatsächliche Bedürfnis weiß.

Eine natürliche Knappheit lässt sich dann feststellen, wenn stofflich-technische Gegebenheiten in Beziehung gesetzt werden mit dem tatsächlich vorhandenen Bedürfnis. Eine solche Vorgehensweise ist der marktwirtschaftlichen Organisationsform fremd. Was hier zählt, ist das zahlungsfähige Bedürfnis, und zwar unabhängig davon, ob potenziell, stofflich-technisch, die Befriedigung aller Bedürfnisse möglich wäre, auch jener nicht-zahlungsfähigen. Plastischstes Beispiel dafür sind digitale Güter. Sie sind im Überfluss vorhanden, sie verbrauchen sich nicht im Gebrauch. Sie waren zu Beginn der Entstehung des Internets frei verfügbar. Das allerdings brachte unter anderem die Musikindustrie in Rage, die um ihre Umsätze fürchtete. Um digitale Güter für eine Verwertung brauchbar zu machen, das heißt, um sie in eine Warenform zu bringen, müssen sie künstlich verknappt werden. So geschah es dann auch. Die Bits und Bytes bekamen einen Preis und Kopierschutztechnologien stellten sicher, dass die digitalen Güter nur noch gegen Bezahlung erhältlich sind. Die nicht-zahlungsfähigen Bedürfnisse gingen von da an leer aus. Ob ein Mangel oder eine Knappheit »künstlich« bzw. gesellschaftlich hergestellt ist, bemisst sich immer daran, ob stofflich-technisch ausreichende Ressourcen vorhanden oder herstellbar wären für all jene, die ein Bedürfnis danach artikulieren, oder ob dies scheitern würde an damit verbundenen Umweltschäden, dem tatsächlichen Vorkommen etc. Wenn sich jemand ein Gut »nicht leisten« kann, bedeutet das nicht, das von dem Gut zu wenig vorhanden wäre, sondern erst einmal nur, dass diese Person nicht genug Geld hat (dazu unten ausführlicher).

Mitunter decken sich natürliche und künstliche Knappheit, wenn beispielsweise tatsächlich weniger Menschen einen

Nationalpark besuchen können, als dieser verkraften kann. An dieser Stelle ist eine künstliche Verknappung aber gar nicht erforderlich. Hier wäre in einer vernünftigen Welt eine Konvention nötig, die den Zugang so reguliert, dass alle, die das interessiert, den Park besuchen können, aber kontingentiert. In einer kapitalistischen Welt dient die natürliche Knappheit dem Privateigentümer dazu, den Preis so hochzutreiben, wie Menschen bereit und in der Lage sind, ihn noch zu bezahlen (Stichwort steigende Mieten).

In der alltäglichen Anschauung und in der Volkswirtschaftslehre wird gesellschaftlich produzierte Knappheit und natürliche Knappheit in eins gesetzt. Nur in Ausnahmefällen wird sichtbar, dass das zwei verschiedene Dinge sind. Beispielsweise in Wirtschaftskrisen, wenn nicht-verkäufliche Produkte verderben oder aber wenn nicht-verkäufliche Lebensmittel in den Container weggesperrt werden, während andere Hunger haben, aber kein Geld, sich etwas zu essen zu kaufen. Kurz: Wenn von etwas Nichtprofitablem zu viel da ist, muss es vernichtet werden. Wir sind auf diese Praxis so gepolt, dass wir gar nicht wissen, was tatsächlich stofflich-technisch machbar wäre. Wir wissen nicht, was alles für ungehobene Schätze in den Schubladen der Forschungsinstitute und in den Köpfen von Ingenieurinnen und Ingenieuren schlummert, weil nur das »auf den Markt« kommt, was Profit verspricht (oder für diesen Zweck ausreichend staatliche Förderung bekommt). Nachhaltige Güter mit Materialien, die kaum verschleißen, wären zum Beispiel bezogen auf die zeitliche Dimension nicht knapp, sie könnten ewig halten. Solche Technologien widersprechen aber einer Produktionsweise, die auf ständigen Verkauf angewiesen ist. Dass wir uns nicht des Unterschieds bewusst sind zwischen stofflich-natürlicher Knappheit und kapitalistischer bzw. künstlich erzeugter Knappheit bedeutet, dass das Potenzial einer nachhaltigen Produktionsweise unausgeschöpft bleibt, wir kennen es nicht einmal.

Das ist die fatale Folge eines Wahrnehmungsmusters, das man in den Annahmen zum Privateigentum sowie seiner theoretischen und ideengeschichtlichen Rechtfertigung immer wieder antrifft: Zwischen gesellschaftlicher Formbestimmung und stofflichem Inhalt wird nicht unterschieden. Es wird nicht differenziert zwischen *Gesellschaft* überhaupt und zwischen *historisch-spezifischer* Gesellschaft. Das heißt, obwohl die Art und Weise, wie die kapitalistische Ökonomie funktioniert, bestimmte Effekte erzeugt und Verhaltensweisen nahelegt, die nur ihr allein zukommen, die historisch entstanden und gesellschaftlich gemacht sind, wird ihre Erscheinungsweise als natürlich aufgefasst, als immer schon da gewesen, als jede Gesellschaft kennzeichnend. Marx spricht in diesem Zusammenhang vom »unmittelbaren Zusammenwachsen der stofflichen Produktionsverhältnisse mit ihrer geschichtlich-sozialen Bestimmtheit«.[24] Die herrschende kapitalistische Ökonomie wird *naturalisiert*. Durch eine solche Naturalisierung wird die Knappheit der Güter, die zumindest in der modernen Zeit, angesichts der Entwicklung der Produktivkräfte, überhaupt erst das Ergebnis menschlicher Interaktion ist, zu etwas, was von Natur aus da zu sein scheint.

Grenzenlose Bedürfnisse

Ähnlich verhält es sich mit der Annahme einer vermeintlichen Unbegrenztheit der Bedürfnisse. Menschen können nicht grenzenlos viel Schokolade essen (leider) oder Alkohol trinken. Konkrete Bedürfnisse haben ein Maß an Sättigung, an der Aufnahmefähigkeit des Körpers oder an anderen subjektiven, physischen, ideellen oder kulturell bestimmten Grenzen. Bezogen auf die konkreten, stofflich bestimmten Objekte ist Maßlosigkeit keine sinnvolle Annahme, auch nicht die Aussage: »Der Mensch will immer mehr.« Man müsste fragen: Wovon will er immer mehr? Und welcher Mensch ist gemeint? Nur dann könnte man überhaupt eine Schlussfolgerung ziehen. Das nutzenmaximierende Individuum der Volkswirtschaftslehre oder der Mensch, der immer mehr will, ist eine Chimäre. Bei Aussagen, die mit »der Mensch ist« beginnen, ist generell Vorsicht angeraten. Eigenschaften, die »dem Menschen« zugeschrieben

24 Marx: Kapital III, MEW, Bd. 25, S. 838.

werden, sagen mehr aus über denjenigen, der eine solche Aussage macht, und die Gesellschaft, in der er lebt, als über einen imaginären abstrakten Menschen.

Nun ist die kapitalistische Ökonomie der Kontext, in dem solche Aussagen getroffen werden. Wie wir gesehen haben, ist sie gekennzeichnet von der Maßlosigkeit des Kapitals. Nimmt man diese Wirtschaftsweise als naturgegeben wahr, ist es kein Wunder, von diesem maßlosen Antrieb auf eine Natur des Menschen zu schließen, wonach dieser immer mehr will. Es scheint, als wären die konkreten Bedürfnisse grenzenlos. Maßlos und daher grenzenlos ist aber einzig das gegenüber allem Stofflichen gleichgültige Bedürfnis des Kapitals nach Verwertung. Kapitalistischer Reichtum existiert auch nicht in Form von massenweise Orangensaft, Millionen von Stühlen oder anderen Gebrauchswerten, sondern in der abstraktesten Form überhaupt, die Eigentum annehmen kann: im Geld.

Es gibt daneben noch einen weiteren Grund für die Annahme, dass der Mensch immer mehr will. Wenn Güter künstlich verknappt werden, erscheinen sie auf der einen Seite als Reichtum, auf der anderen als Mangel. Die Folge der künstlich geschaffenen Knappheit ist daher nicht nur Mangel, sondern erscheint als natürlicher Mangel. Erst dieser legt ein Verhalten nahe, das als »unbegrenztes Bedürfnis« oder »Immer-mehr-Wollen« interpretiert werden kann. Ein Beispiel aus dem Gaststättengewerbe möge dies verdeutlichen. Es ist Usus geworden, dass in Hotels oder Restaurants Frühstücksbüfetts angeboten werden. Man bezahlt einen fixen Betrag und kann sich dann unbegrenzt am Büfett bedienen. Der Annahme des nutzenmaximierenden Individuums zufolge müssten sich die Gäste möglichst viel auf den Frühstücksteller häufen und sich noch etwas in die Tasche stecken. Sicherlich mag es Einzelne geben, die sich so verhalten, die Regel ist es aber nicht. Da die Grundbedürfnisse jener Hotel- und Restaurantgäste im Wesentlichen gedeckt sind, müssen sie beim Frühstück nicht übermäßig zulangen und sich auch nichts in die Tasche stecken. Sie haben genug und wissen das auch. Anders ist es, wenn Menschen an das Büfett kämen, deren Grundbedürfnisse nicht gedeckt wären. Da könnte dann genau dieser Effekt eintreten, dass riesige Teller aufgehäuft werden. Das »Mehr-Wollen« ist vor allem eine Folge von Mangel und von einer unsicheren Lage, liegt aber nicht in der menschlichen Natur.

Früchte der Arbeit

Die Annahme, dass die Menschen im Rahmen der herrschenden Ordnung des Privateigentums die Früchte ihrer Arbeit ernten würden, ergibt sich, wie ausgeführt, aus der Perspektive der einfachen Warenzirkulation. Man nimmt nur wahr, wie sich Waren gegen Geld hin und her tauschen und alle Menschen als Warenbesitzer gleich sind. In dieser Perspektive kommt das Herrschaftsverhältnis, das dem solchermaßen verallgemeinerten Tausch zugrunde liegt, nicht vor. Die private Verfügungsmacht über Produktionsmittel ist hier nicht sichtbar, ebenso wenig das Klassenverhältnis; nur die juristische Dimension des Privateigentums kommt in den Blick: Alle sind potenzielle Eigentümer und soziale Ungleichheit wird zum Resultat individuellen Handelns. Da jedes arbeitende Individuum als (potenzieller) Eigentümer erscheint und die Lohnabhängigen sich ihr Eigentum (die von ihnen gekauften Waren) durch ihre eigene Arbeit »verdienen«, scheinen sie durchaus die Früchte ihrer Arbeit zu ernten. Erfolg wird so auf Fleiß, Leistungsfähigkeit etc. zurückgeführt, Misserfolg im Umkehrschluss auf Versagen. »Ohne Fleiß kein Preis« oder »Jeder ist seines Glückes Schmied« sind die lebensweltlichen Varianten der Überzeugung, dass man selbst verantwortlich dafür ist, ob man viel oder wenig verdient, ob man es zu etwas gebracht hat oder nicht, ob man einen Job findet oder nicht und dass da noch sehr viel Luft nach oben ist, wenn man nur clever genug wäre. Es gerät ganz aus dem Blick, dass die individuellen Spielräume zur Verbesserung der eigenen Lage in Wirklichkeit gering sind und auch nur zu einem kleinen Teil von einem selbst abhängen. In Zeiten hoher Arbeitslosigkeit mag man sich individuell noch so sehr anstrengen, meistens wird man nicht sehr viel erreichen. Den Computerbastler, der es zum Millionär gebracht hat, mag es ja geben, aber er ist die Ausnahme.

Die private Verfügungsgewalt über Produktionsmittel ist demgegenüber die bessere Aneignungsposition, je mehr man davon hat, desto größer die eigene Wirkmächtigkeit – sofern es genügend andere Menschen gibt, die über keine Produktionsmittel verfügen und zum Verkauf ihrer Arbeitskraft gezwungen sind.

Anreiz

Vor diesem Hintergrund lässt sich auch die Anreiztheorie des Eigentums einordnen, wonach der Mensch nur dann fleißig, engagiert und interessiert ist, wenn er die Früchte seiner Arbeit ernten kann. Natürlich wird das tun, wer Eigentümer von Produktionsmitteln ist und in einer Gesellschaft agiert, die ihm die Möglichkeit gibt, mittels seiner Verfügungsmacht über Mensch und Natur seinen Reichtum zu vermehren, und die ihn mittels der Konkurrenz in einen Wettlauf zwingt, auf den er sich einlässt, weil er ständig neuen Reichtum verspricht, und einlassen muss, weil sonst der Untergang droht.

In der Finanzkrise von 2008 beklagten viele die Gier von Banken und Finanzmanagern. Als sei die persönliche Gier oder der schlechte Charakter der Kapitalisten der Grund für die Krise. Gier ist aber nicht von Natur aus da, so wenig wie die »unbegrenzten« Bedürfnisse der Konsumenten. Im Kapitalismus werden die einzelnen Kapitalisten und Finanzmanager durch die Konkurrenz zur Profitmaximierung gezwungen. Indem die Profitmaximierung in der Krise als persönliche Gier geschmäht wurde, musste man nicht über das kapitalistische System selbst sprechen. Unter den Kapitalisten mag es unangenehme Zeitgenossen geben, entscheidend ist die Struktur, die die Akteure zu bestimmten Handlungen veranlasst. Marx sprach daher von »Charaktermasken«.[25]

Den Anreiz des Privateigentums kennen auch Selbstständige, die mit ihren wenigen Produktionsmitteln häufig bis an die Grenzen ihrer Kräfte arbeiten, wobei es meistens eher ums Überleben geht als ums Reichwerden, auch wenn es manche

25 Marx: Kapital I, MEW, Bd. 23, S. 100.

»schaffen«, was dann wieder Vorbild für andere ist und den Eindruck verstärkt: Geht doch, man muss sich nur anstrengen. Beschäftigte, die in einem Unternehmen am Gewinn beteiligt werden, identifizieren sich nicht selten ebenfalls mit der kapitalistischen Logik und wollen, dass »ihr« Unternehmen auf dem Markt möglichst erfolgreich ist, was sich allerdings auch gegen sie selbst wenden kann.

Anders verhält es sich bei den Lohnabhängigen. Ihr Anreiz zu arbeiten resultiert nicht aus Eigentum, sondern umgekehrt aus der Eigentumslosigkeit an Produktionsmitteln. Es ist der »stumme Zwang der ökonomischen Verhältnisse«,[26] der sie zum Verkauf der Arbeitskraft zwingt. Die Konkurrenz ist hier die Konkurrenz der anderen Besitzer von Arbeitskraft. Im Hintergrund lauert die »industrielle Reservearmee«,[27] also diejenigen, die keine Arbeit haben, die aber willig sind, oft jünger und besser ausgebildet. Zur Drohung, den Arbeitsplatz zu verlieren, kommen schließlich immer neue Managementmethoden hinzu, mit denen versucht wird, die Motivation der Beschäftigten zu steigern.

Dem Dogma, nur privates Eigentum bringe Eigeninitiative hervor, scheint selbst ihr maßgeblicher Vertreter, Douglass North (s.o., S. 22–25), nicht ganz getraut zu haben. Er plädierte daher für eine Ideologie, die »redliches Arbeitsverhalten« fördert. Eine solche ideologische Überzeugung könne zur »Vermeidung von Drückebergerei«[28] beitragen. North und andere Verfechter des Privateigentums wollen mit einer solchen Terminologie mangelnde Tatkraft den einzelnen Individuen ankreiden. Sie übersehen, dass Privateigentum für die einen Anreiz, für die anderen Zwang bedeutet. Das Ausbeutungsverhältnis ist der Rahmen, in dem Beschäftigte bewusst oder unbewusst verordnete Leistungsnormen zu umgehen versuchen. Die Anreizfunktion von privatem Eigentum gilt nur für jene, die die Macht über Produktionsmittel ausüben. Sie zu universalisieren, sie zur Natur »des Menschen« zu machen

26 Ebd., S. 765.

27 Ebd., S. 502.

28 North: Theorie des institutionellen Wandels, S. 48.

und ihre Wirksamkeit bis zurück in die Frühgeschichte der Menschheit zu projizieren – das gehört zur Ideologie des Privateigentums.

Effizienz

Der gleiche Fehlschluss gilt für die berühmte Effizienz, die dem Privateigentum zugeschrieben wird. Wie gesehen, ist Konkurrenz die zentrale Strukturkomponente eines kapitalistischen Markts. Der Kapitalist ist gezwungen, sein Kapital zu verwerten, um mehr Kapital zu erhalten, das dann in neue Produktionsmethoden, in Forschung und Entwicklung investiert wird, um sich damit einen Vorteil gegenüber den Konkurrenten verschaffen zu können. Das sorgt für die rasch aufeinanderfolgenden Innovationszyklen der kapitalistischen Produktionsweise. Mit Effizienz ist hier also eine möglichst hohe Verwertung des eingesetzten Kapitals gemeint und das Mittel dazu ist die Ausbeutung von Mensch und Natur. Es ist eine spezifisch kapitalistische Effizienz, deren Kehrseite die Untergrabung ihrer eigenen Grundlage ist.

Darüber hinaus werden aufgrund dieser spezifischen Effizienz auch einige Potenziale technologischer Entwicklung »verschenkt« bzw. blockiert. Zum einen bringt der Zwang, möglichst viel von irgendetwas zu verkaufen, das Interesse an der künstlichen Erzeugung von Bedürfnissen hervor. Das Musik abspielende Feuerzeug ist nur ein Beispiel für Produkte, auf die man gesellschaftlich sicherlich ohne großen Streit zugunsten anderer verzichten könnte. Die Marketingindustrie lebt davon, Strategien zu entwickeln, um Menschen (Kunden) beizubringen, genau dieses eine Produkt haben zu müssen. Es werden Bedürfnisse geschaffen, von denen man vorher gar nicht wusste, dass es sie geben könnte. Darüber hinaus führt die kapitalistische Effizienz häufig zu einem Angebot, das an den Bedürfnissen vorbeigeht, wenn beispielsweise ein ganzes Arsenal an Anti-Falten-Cremes angeboten wird, während es gleichzeitig an wichtigen Medikamenten fehlt, weil zu wenig Menschen diese benötigen, weshalb sich die Herstellung nicht lohnt. Das heißt, es gibt zwar Effizienz in der kapitalistischen

Ökonomie, aber es ist eine profitgesteuerte, mit all den daraus folgenden Begleiterscheinungen.

Freiheit

Die Annahme, mit Privateigentum und bürgerlicher Gesellschaft seien Freiheit und Autonomie der Individuen garantiert und damit auch die Voraussetzung für das Entfalten der »Selbstwirksamkeit«, die dieses Eigentum ermöglicht, verdankt sich ebenfalls der Perspektive der einfachen Warenzirkulation. Die Warenbesitzer treten sich nicht nur als rechtlich Gleiche und als potenzielle Eigentümer gegenüber, sondern auch als Freie. Sie sind frei, ihre Arbeitskraft zu verkaufen, Verträge abzuschließen, Eigentum zu erwerben, es einzusetzen etc. – im Unterschied zu vorkapitalistischen Epochen. Dass die unmittelbaren Produzenten im Kapitalismus über ihre Arbeitskraft frei verfügen können, ist überhaupt die Voraussetzung für deren Verkauf. Diese Freiheit gewährleistet auch die nötige Flexibilität beim gewünschten oder erzwungenen Wechsel des Arbeitsplatzes, in Wirtschaftskrisen, bei Kündigung etc., wobei immer prekär bleibt, ob ein neuer Arbeitsplatz zu gleichen Bedingungen gefunden werden kann. Diese Freiheit gilt den liberalen Verfechtern des Privateigentums nicht nur als zivilisatorischer Fortschritt gegenüber historischen Formen persönlicher Abhängigkeit (Sklaverei, Leibeigenschaft), sondern auch als Verwirklichung der Überwindung von Klassenherrschaft. Mit Demokratie und Marktwirtschaft seien alle Menschen nicht nur gleich, sondern auch frei.

Die Freiheit, seine Arbeitskraft verkaufen zu können, verleiht dem Individuum in der Tat eine im Vergleich zur Sklaverei und Leibeigenschaft unvergleichlich größere Autonomie, sie umfasst Freiheitsaspekte, die seinerzeit nicht gegeben waren, wie Bewegungsfreiheit, Wahl des Arbeitgebers, Berufswahl, Freiheit zum Berufswechsel etc. Je nach Entwicklungsgrad der kapitalistischen Produktionsweise und je nach sozialer Stellung der unmittelbaren Produzenten, die höchst ausdifferenziert sein kann (unterschiedlicher Bildungsgrad, unterschiedliche Lohnhöhen etc.), liegt hier das Potenzial für die (Freiheit der) »Persönlichkeitsentfaltung«, die das Privateigentum verspricht. Diese Potenziale sind allerdings unter kapitalistischen Bedingungen für jene, die kein Eigentum an Produktionsmitteln haben, beschränkt, sie finden ihre Grenzen an der von Profit und Konkurrenz abhängigen Produktionsweise. Es handelt sich daher um eine spezifische Freiheit.

Charakteristisch für die kapitalistische Produktionsweise ist die zyklische Aufnahme und Abstoßung eines Teils der Arbeitskräfte gemäß den Bedürfnissen der Kapitalakkumulation. Mit anderen Worten: Die Kehrseite dieser Freiheit ist Unsicherheit, die Unsicherheit, eine Stufe hinunterzufallen oder gar ganz ins soziale Nichts zu stürzen. Die Freiheit zur Persönlichkeitsentfaltung ist stets begleitet von einer systematischen Unsicherheit der Lebensperspektiven. Auch die von Habeck gerühmte Anerkennungskultur muss in diesem Kontext gesehen werden. Die gesellschaftliche Anerkennung der Individuen, sofern sie sich auf ihren Status als Eigentümer von Arbeitskraft bezieht, hängt in einer kapitalistischen Marktwirtschaft ab von der Rentabilität. Solange sich eine Arbeitskraft für das Kapital als rentabel erweist, kann sie Anerkennung gewinnen, sobald sie sich nicht mehr rentiert, verliert sie Anerkennung. Das ist eine weithin bekannte, schmerzhafte Erfahrung von Arbeitern in unrentablen Industrien oder wenn Arbeitsplätze durch Automatisierung verloren gehen.

Wie gesehen, wurde der Zwang zur Lohnarbeit historisch durch Gewalt in Form der sozialen Enteignung (s.o., S. 50–53) durchgesetzt. Aber einmal etabliert, erschienen diese Herrschaftsverhältnisse den Lohnarbeitern von da an als völlig natürlich. »Im Fortgang der kapitalistischen Produktion entwickelt sich eine Arbeiterklasse, die aus Erziehung, Tradition, Gewohnheit die Anforderungen jener Produktionsweise als selbstverständliche Naturgesetze anerkennt. [...] Außerökonomische, unmittelbare Gewalt wird zwar immer noch angewandt, aber nur ausnahmsweise. Für den gewöhnlichen Gang der Dinge kann der Arbeiter den ›Naturgesetzen der Produktion‹ überlassen bleiben, d. h. seiner aus den Produktionsbedingungen selbst entspringenden, durch sie garantierten und verewigten Abhängigkeit vom Kapital.«[29] Der unmittelbare Zwang verwandelte sich in eine andere Form von Macht: »Eine Form der Macht, die als solche nicht unmittelbar sichtbar oder hörbar ist, die aber genauso brutal, unerbittlich und rücksichtslos wirkt wie offene Gewalt; eine unpersönliche, abstrakte und anonyme Form von Macht, die in den ökonomischen Prozessen selbst verankert ist, statt sie äußerlich zu ergänzen.«[30]

»Freiheit« bedeutet für die Privateigentümer der Produktionsmittel und für die daran eigentumslosen, also für die Mehrheit der Menschen, etwas ganz Verschiedenes. Die soziale Rolle des »doppelt freien Arbeiters« beinhaltet nicht nur die Freiheit der Lohnabhängigen, ihre Arbeitskraft zu verkaufen, sondern auch den Zwang, dies zu tun – mit allen geschilderten Folgen, vor allem aber jener, systematisch in diesem Zwangsverhältnis zu verharren. Was in der Wahrnehmung allerdings nur präsent bleibt, ist die Freiheit. Was als natürlich verinnerlicht ist und aus dem Bewusstsein verschwindet, das ist der Zwang.

Die Freiheit der Privateigentümer an Produktionsmitteln dagegen hat ganz andere Implikationen. Deren Freiheit, über die wesentlichen Mittel der gesellschaftlichen Reproduktion exklusiv verfügen zu dürfen und sich dadurch fremde Arbeit aneignen zu können, gibt ihnen ein enormes Maß an Freiheit nicht nur im persönlichen Lebensstil. Die Freiheit, die ihnen die Gesellschaft in der Sphäre der Produktion gibt, beinhaltet zu diesem Zweck darüber hinaus auch die Freiheit, sich ihr gegenüber verantwortungslos verhalten zu dürfen, die Verfügungsmacht über Produktionsmittel auf Kosten von Mensch und Natur einzusetzen.[31] Gegenüber dieser Differenzierung

29 Marx: Kapital I, MEW, Bd. 23, S. 765.

30 Mau: Stummer Zwang, S. 16.

31 Der Soziologe Simon Schaupp kritisiert in seiner Analyse des Verhältnisses von Arbeit und Natur, dass in den Debatten um Klimaschutz der Fokus zu sehr auf der Konsumentenseite liege. Tatsächlich komme der Großteil des Treibhausgasausstoßes nicht von Privathaushalten, sondern von Unternehmen, »und zwar von überraschend wenigen. 100 Unternehmen sind für 71 Prozent der Emissionen seit 1988 verantwortlich.« Er zitiert den französischen Ökonomen Lucas Chancel, der errechnet habe, dass 70 Prozent der Emissionen des reichsten Prozents der

existiert allerdings eine *allgemeine* Vorstellung von Freiheit im öffentlichen Bewusstsein, eine, die schlicht meint, tun und lassen zu können, was beliebt, mit anderen Worten: die Vorstellung von Freiheit als Abwesenheit von Zwang. Dies ist aber nichts anderes als »die Freiheit des modernen Eigentümers«, und nur ihre Freiheit.[32]

Oben habe ich deutlich gemacht, dass die Unterstellungen (knappe Güter, unbegrenzte Bedürfnisse), die dem Versprechen des Privateigentums zugrunde liegen, und seine behaupteten positiven Wirkungen (das Ernten der Früchte der eigenen Arbeit, die Anreizfunktion, die Effizienz, Freiheit und Gleichheit) einer bestimmten Perspektive der kapitalistischen Produktionsweise geschuldet sind. Das Versprechen des Privateigentums ist daher nicht allein auf eine Ideologie zu reduzieren, die von den »Herrschenden« verbreitet wird, um ihre private Verfügungsmacht zu bewahren. Selbstverständlich gehört auch dies zum kapitalistischen Alltag. Aber die Wirkmächtigkeit der Versprechungen des Privateigentums resultiert aus der Plausibilität, die dieses Versprechen aus der Perspektive der einfachen Warenzirkulation erhält, die uns von Kindesbeinen als »naturgegeben« vorkommt. Das ist auch das Paradigma der herrschenden Ökonomie. Eine Anschauung, die bereits Marx mit Blick auf die liberalen Ökonomen seiner Zeit mit bissiger Ironie paraphrasierte: »Die Sphäre der Zirkulation oder des Warenaustausches, innerhalb deren Schranken Kauf und Verkauf der Arbeitskraft sich bewegt, war in der Tat ein wahres Eden der angebornen Menschenrechte. Was allein hier herrscht, ist Freiheit, Gleichheit, Eigentum und Bentham. Freiheit! Denn Käufer und Verkäufer einer Ware, z. B. der Arbeitskraft, sind nur durch ihren freien Willen bestimmt. Sie kontrahieren als freie, rechtlich ebenbürtige Personen. Der Kontrakt

Menschheit ihren Ursprung in den Investitionen und nicht im Konsum dieser Reichen haben. Vgl. Schaupp: Stoffwechselpolitik, S. 12 f.

32 Eva von Redecker: Bleibefreiheit, Frankfurt a. M. 2023, S. 43. Freiheit gibt es generell nicht überhistorisch, sondern ist je historisch unterschiedlich eingebettet. Vgl. dazu ausführlich Andreas Arndt: Das Reich der Freiheit, in: Andreas Arndt: Hegel in Marx. Studien zur dialektischen Kritik und zur Theorie der Befreiung. Berlin 2023, S. 163–175.

ist das Endresultat, worin sich ihre Willen einen gemeinsamen Rechtsausdruck geben. Gleichheit! Denn sie beziehen sich nur als Warenbesitzer aufeinander und tauschen Äquivalent für Äquivalent. Eigentum! Denn jeder verfügt nur über das Seine. Bentham! Denn jedem von den beiden ist es nur um sich zu tun. Die einzige Macht, die sie zusammen und in ein Verhältnis bringt, ist die ihres Eigennutzes, ihres Sondervorteils, ihrer Privatinteressen. Und eben weil so jeder nur für sich und keiner für den andren kehrt, vollbringen alle, infolge einer prästabilierten Harmonie der Dinge oder unter den Auspizien einer allpfiffigen Vorsehung, nur das Werk ihres wechselseitigen Vorteils, des Gemeinnutzens, des Gesamtinteresses.«[33]

Solange soziale Ungleichheit Voraussetzung und Ergebnis privater Verfügungsmacht bleibt und die Schädigung von Mensch und Natur die Folge, wird Privateigentum an Produktionsmitteln immer ein umkämpftes Terrain sein. Oder wie der Politikwissenschaftler Klaus von Beyme 1990 schrieb: »Ökologische und soziale Katastrophen« werden »den Ruf nach mehr Steuerung in einigen Jahrzehnten vermutlich lauter werden lassen. Der totgesagte Sozialismus [...] wird dann vermutlich erneut als geistiges Arsenal der künftigen Steuerungstheorien dienen.« Er fügte hinzu: »Man kann nur hoffen, dass dabei aus den Fehlern des ›realen Sozialismus‹ die notwendigen Konsequenzen gezogen werden.«[34]

Die Kampagne »Deutsche Wohnen & Co enteignen« ist durchaus als Reaktion auf eine soziale Katastrophe im Bereich des Wohnens zu verstehen und bezieht sich mit der Forderung nach Vergesellschaftung von Produktionsmitteln bzw. Grund und Boden auf Artikel 15 im Grundgesetz. Auch bei anderen sozialen Auseinandersetzungen wird mittlerweile auf Vergesellschaftung als möglicher Lösungsweg verwiesen.[35] Ver-

33 Marx: Kapital I, MEW, Bd. 23, S. 198.

34 Klaus von Beyme: Die vergleichende Politikwissenschaft und der Paradigmenwechsel in der Politischen Theorie, in: Politische Vierteljahresschrift 3/1990, S. 470, 473.

35 Kohei Saito plädiert in seinem Buch »Systemsturz« für einen »Degrowth-Kommunismus«, in dem u. a. die Arbeitszeit stark verkürzt werden müsse: »Doch um solche ›Reformen der Arbeitsweise‹ umzusetzen, müssen Arbeiter das Recht haben, Entscheidungen über die Produktion zu treffen. Die Rede ist hier also von

gesellschaftung von Produktionsmitteln, Grund und Boden sowie Naturschätzen ist eine Verfassungsnorm, die historisch zurückreicht auf die Kämpfe der Arbeiterbewegung des 19. Jahrhunderts, auf die wir noch zurückkommen werden. Aber zunächst ist zu klären: Was meinen wir, wenn wir von Vergesellschaftung reden, und was wurde historisch darunter verstanden? Kann und wenn ja, wie, Vergesellschaftung im 21. Jahrhundert zur Lösung der Krisen beitragen oder gar zur Überwindung der kapitalistischen Produktionsweise?

der ›Vergesellschaftung‹, die auch von Piketty gefordert wird. Durch die Vergesellschaftung werden Produktionsmittel als Common demokratisch verwaltet.« (Saito: Systemsturz, S. 233)

5 — »Vergesellschaftung« als Alternative?

Vergesellschaftung als Vergesellschaftung der Produktionsmittel

Zu welchem Zeitpunkt und von wem die Forderung nach Vergesellschaftung oder Sozialisierung der Produktionsmittel[1] erstmals konkret geäußert wurde, lässt sich nicht mit Sicherheit bestimmen. Aber es ist plausibel, dass der aufkommende Industriekapitalismus den realgeschichtlichen Kontext bildete, denn in der vorindustriellen Zeit stand eher das Eintreten für Gütergemeinschaft im Vordergrund nicht die Forderung nach Vergesellschaftung.[2] Ideengeschichtlich wird die Forderung nach Vergesellschaftung in der Literatur einhellig auf Marx und Engels zurückgeführt. Als eines der zentralen Schlüsseldokumente gilt das »Kommunistische Manifest«, das die beiden 1848 im Auftrag des Bundes der Kommunisten verfassten, wobei dieser Bund zunächst selbst noch von der Forderung nach »Gütergemeinschaft« ausgegangen war.[3] Das Manifest war eine flammende Rede gegen das Privateigentum an Produktionsmitteln: Das »moderne bürgerliche Privateigentum ist der letzte und vollendetste Ausdruck der Erzeugung und

1 Der österreichische Ökonom Otto Neurath unterschied beide Konzepte, indem er unter Sozialisierung die Umgestaltung einer Lebensordnung verstand und unter Vergesellschaftung die Änderung der Machtverhältnisse; vgl. Otto Neurath: Vollsozialisierung und gemeinschaftliche Anstalten, in: Der Kampf. Sozialdemokratische Monatsschrift 2/1922, S. 54–60. Üblicherweise und auch in vorliegender Arbeit werden die Begriffe synonym verwendet.

2 Zur Vorgeschichte von Vergesellschaftung vgl. Ralf Hoffrogge: Nie wirklich weg. Fünf Formen von Gemeineigentum in der Geschichte und ihre Bedeutung für das Ringen um Vergesellschaftung heute, in: Arbeit–Bewegung–Geschichte 1/2024, S. 10–33.

3 »Wir aber zeichnen uns nicht dadurch aus, dass wir Gerechtigkeit überhaupt wollen, was jeder von sich behaupten kann, sondern dadurch, dass wir die bestehende Gesellschaftsordnung und das Privateigentum angreifen, dadurch, dass wir die Gütergemeinschaft wollen, dadurch, dass wir Kommunisten sind.« (Rundschreiben des Ersten Kongresses des Bundes vom 9. Juni 1847, in: Der Bund der Kommunisten, Dokumente und Materialien, hrsg. vom Zentralkomitee der SED, Berlin, 1983, S. 481)

Aneignung der Produkte, die auf Klassengegensätzen, auf der Ausbeutung der einen durch die andern beruht. In diesem Sinn können die Kommunisten ihre Theorie in dem einen Ausdruck: Aufhebung des Privateigentums, zusammenfassen.«[4]

Diese Forderung resultierte aus der Beobachtung, dass die »Bourgeoisie« mehr und mehr »die Zersplitterung der Produktionsmittel, des Besitzes und der Bevölkerung« aufhebt. Sie habe »die Produktionsmittel zentralisiert und das Eigentum in wenigen Händen konzentriert«.[5] Engels schrieb 1888 für die Worte »Bourgeois« und »Proletarier« in der Fußnote eine erläuternde Anmerkung, die den zentralen Stellenwert der Produktionsmittel deutlich machte: »Unter Bourgeoisie wird die Klasse der modernen Kapitalisten verstanden, die Besitzer der gesellschaftlichen Produktionsmittel sind und Lohnarbeit ausnutzen. Unter Proletariat die Klasse der modernen Lohnarbeiter, die, da sie keine eigenen Produktionsmittel besitzen, darauf angewiesen sind, ihre Arbeitskraft zu verkaufen, um leben zu können.«[6] Und drei Jahre später schrieb er apodiktisch, dass die Befreiung des Proletariats ohne die »Vergesellschaftung der Produktionsmittel« unmöglich sei.[7] Zunächst ist hervorzuheben und festzuhalten, was heutzutage in der Kritik an Privateigentum regelmäßig missverstanden wird: Die Aufhebung des Privateigentums an den Produktionsmitteln bedeutet »die Herstellung des Gemeineigentums an den Produktionsmitteln (Produktivvermögen) […], nicht etwa die Negation des persönlichen Eigentums an den Konsumtionsmitteln (das ist vielmehr unaufhebbar)«.[8]

Zum anderen ist das Missverständnis zu vermeiden, als müsse Gesellschaftlichkeit – als Ergebnis von Vergesellschaftung – überhaupt erst hergestellt werden. Bini Adamczak hat ganz zu Recht darauf hingewiesen, dass auch die kapitalisti-

4 Karl Marx/Friedrich Engels: Manifest der Kommunistischen Partei, in: MEW, Bd. 4, S. 475.

5 Ebd., S. 467.

6 Ebd., S. 462.

7 Friedrich Engels: Brief an Kautsky, London, 28.9.1891, in: MEW, Bd. 38, S. 156.

8 Peter Ruben: Was ist Kommunismus?, in: Philosophische Schriften, Online-Edition peter-ruben.de, hrsg. von Ulrich Hedtke und Camilla Warnke, Berlin 2011, S. 3.

sche Produktionsweise eine Form der Vergesellschaftung ist, »und zwar eine ziemlich erfolgreiche und beeindruckende Vergesellschaftung, die die gesamte Welt umschließt und einfasst, und der es gelungen ist tendenziell alle Menschen dieser Welt in ein Verhältnis einer allseitigen Abhängigkeit aller zu setzen, und zwar in Form des Weltmarkts. Zum ersten Mal in der Geschichte der Menschheit.«[9] Dies wirft zwangsläufig die Frage auf, welche historische Form der Vergesellschaftung angestrebt wird, wenn von der Vergesellschaftung der Produktionsmittel die Rede ist.

Von der Vergemeinschaftung zur Vergesellschaftung

Als isoliertes Individuum kann der Mensch nicht aufwachsen und überleben. Er ist darauf angewiesen, Mitglied einer Gemeinschaft zu sein, in der die Aneignung von Natur arbeitsteilig stattfindet. Teilung der Arbeit bedeutet aber, dass *Arbeit für andere* verrichtet wird. Nicht alle Angehörige einer Gemeinschaft können jedoch zur gemeinschaftlichen Arbeitsteilung beitragen wie etwa Kinder, Alte oder Kranke, sie müssen aber dennoch ernährt und versorgt werden. Daraus folgt, dass jene, die arbeiten können, dies nicht nur für ihren eigenen Erhalt tun, sondern auch für den anderer: Sobald »die Menschen sich aus ihren ersten Tierzuständen herausgearbeitet, ihre Arbeit selbst also schon in gewissem Grad vergesellschaftet ist, treten Verhältnisse ein, worin die Mehrarbeit des einen zur Existenzbedingung des andern wird«.[10] Mehrarbeit ist daher Kennzeichen jeder Form von Gemeinschaft oder Gesellschaft.[11] Teilung der Arbeit und Mehrarbeit als »Arbeit für andere« kann man als *Vergesellschaftung der Arbeit* oder *vergesellschaftete Arbeit* bezeichnen. In welchen konkreten, sozialen Organisations-, und Herrschaftsformen diese allgemeine Bestimmung von

9 Bini Adamczak, Keynote auf der Vergesellschaftungskonferenz in Berlin, Oktober 2022. Aufzeichnung unter https://www.youtube.com/watch?v=tRdeHobtgCo ab Minute 53:40.

10 Marx: Kapital I, MEW, Bd. 23, S. 534.

11 Zur Unterscheidung von Gemeinschaft und Gesellschaft siehe unten, S. 98.

Vergesellschaftung ihren Ausdruck findet, ist historisch höchst unterschiedlich.

Allerdings lässt sich in der Vergesellschaftungsweise ein grundsätzlicher Unterschied zwischen vorbürgerlichen Gemeinwesen und bürgerlichen Gesellschaften konstatieren. Bei archaischen gemeinschaftlichen Lebensformen wird der Unterschied am deutlichsten. Der frühzeitliche Mensch kaufte seine Lebensmittel nicht so, wie wir das heute tun. Er empfing aufgrund seiner Zugehörigkeit zu einem Clan oder einer anderen sozialen Einheit nach bestimmten Kriterien ein Quantum an Lebensmitteln. In solchen Gemeinschaften galt eine Verteilungslogik, die der französische Soziologe und Ethnologe Marcel Mauss als »Reziprozität« bezeichnete, das heißt, etwas wurde als Gabe angeboten, die nicht zurückgewiesen werden konnte, sondern erwidert werden musste.[12] Diese reziproken Verhältnisse sind etwas ganz anderes als der moderne Äquivalententausch, ein Tausch von quantitativ gleichen Werten. »Reziprozität erfordert die Angemessenheit der Gegengabe, nicht aber eine mathematische Gleichwertigkeit.«[13] Gaben haben eine andere Rationalität, die in sozialen und geistigen (religiösen) Bindungen ihre Ursache hatten.

Teil der Gemeinschaft zu sein war in solchen Gemeinwesen daher Bedingung für den *unmittelbaren* Zugang zu den arbeitsteilig gewonnenen Früchten der Natur. Mit »unmittelbar« ist hier gemeint, Zugang nicht kraft Geldbesitzes, also vermittelt über Tausch, sondern Zugang kraft Mitglied der arbeitsteiligen Gemeinschaft, also vermittelt über gesellschaftliche Konventionen etc.: »Bevor es zu Gesellschaften kommt, die mit Geld wirtschaften und deshalb über Geld vermittelt sind, ist für jeden Menschen entscheidend, dass er hineingeboren wird in einen Stamm, in eine Sippe, ein Dorf, eine *civitas* – allgemein: in eine Gemeinschaft.«[14] Die nicht über Ware-Geld-

12 Marcel Mauss: Die Gabe. Form und Funktion des Austausches in archaischen Gesellschaften, Frankfurt a. M. 1990, S. 17.

13 Polanyi: Ökonomie und Gesellschaft, S. 159.

14 Bockelmann: Geld, S. 39–40. Bockelmann zufolge wäre für solche archaischen Gemeinschaften nicht vorstellbar, Dinge nur gegen Tausch zu bekommen. Das wäre ungefähr so unsinnig, als würde in der Familie beim Abendbrottisch jemand

Tausch vermittelte *Arbeit* unter den Mitgliedern solch archaischer Gemeinschaften, bezeichnete Marx entsprechend als »*unmittelbar* vergesellschaftete Arbeit«.[15] Sie beruhe auf dem »ursprünglichen Eigentum«, das nichts anderes sei, als das »Verhalten des Menschen zu seinen natürlichen Produktionsbedingungen als ihm gehörigen, als den seinen, als mit seinem eigenen Dasein vorausgesetzten«.[16] »Mit seinem Dasein vorausgesetzt« meint, dass, ebenso, wie der Mensch »da« ist, wenn er auf die Welt kommt, auch seine natürliche Umgebung *mit ihm* existiert. In den frühgeschichtlichen Gemeinwesen habe sich der Mensch nicht zu den Bedingungen seiner Naturaneignung »verhalten«. Ein »ich verhalte mich zu« setzt voraus, dass man in der Lage ist zu unterscheiden zwischen ich (Subjekt) und anderem (Objekt), erst dann kann man auf »das andere« überhaupt einen Verfügungsanspruch formulieren. In diesen Gemeinwesen sei der Mensch »doppelt da« gewesen, so Marx, sowohl »subjektiv als er selbst wie objektiv in diesen natürlichen anorganischen Bedingungen seiner Existenz«.[17]

Polanyi weist in diesem Zusammenhang darauf hin, dass »in einer primitiven Gesellschaft der Einzelne nicht von Hunger bedroht ist, solange die Gemeinschaft nicht als Ganzes in diese Lage gerät«.[18] Bockelmann kommt zum gleichen Schluss: »Die solidarische Gemeinschaft der Versorgung bricht erst und einzig in Fällen gemeinsamer Not. [...] Es mögen nicht alle gleich reichlich versorgt sein, versorgt aber sind sie – *innerhalb* und *zusammen* mit ihrer Gemeinschaft.«[19]

Dass der Einzelne aus dem kollektiven Reproduktionszusammenhang herausfällt und ins existenzielle, kulturelle, so-

anderen um die Butter bitten, und dieser würde antworten: »Nur wenn Du mir Deinen Gürtel gibst.«

15 »Für die Betrachtung gemeinsamer, d. h. unmittelbar vergesellschafteter Arbeit brauchen wir nicht zurückzugehn zu der naturwüchsigen Form derselben, welche uns an der Geschichtsschwelle aller Kulturvölker begegnet. Ein näherliegendes Beispiel bildet die ländlich patriarchalische Industrie einer Bauernfamilie, die für den eignen Bedarf Korn, Vieh, Garn, Leinwand, Kleidungsstücke usw. produziert.« (Marx: Kapital I, MEW, Bd. 23, S. 92)

16 Marx: Grundrisse, MEW, Bd. 42, S. 417.

17 Ebd., S. 399.

18 Polanyi: Ökonomie und Gesellschaft, S. 225.

19 Bockelmann: Geld, S. 40.

ziale Nichts abstürzt, ist in einer solchen sozialen Formation nicht denkbar. Das ist erst möglich, wenn dieser soziale Zusammenhang zerrissen wird. Polanyi sieht das etwa gegeben, wenn ein Arbeitsmarkt in den Kolonialgebieten eingerichtet wurde. Die Einheimischen sollten gezwungen werden, ihren Lebensunterhalt durch den Verkauf ihrer Arbeitskraft zu bestreiten. Man musste die organische Verbindung von Arbeit, Natur und Produktionsmittel auflösen: »So konnten die Kolonisten auf den Gedanken kommen, die Brotfruchtbäume zu fällen, um einen künstlichen Lebensmittelmangel herbeizuführen.«[20]

Durch den Handel, also Tausch, sind die Gemeinwesen im Laufe der Geschichte miteinander in Kontakt gekommen,[21] was wiederum Auswirkungen nach innen hatte: »Sobald Dinge aber einmal im auswärtigen, werden sie auch rückschlagend im innern Gemeinleben zu Waren.«[22] Das auf »Privataustausch« gegründete System der Produktion hat diese Gemeinschaften mit der Zeit aufgelöst, der Ware-Geld-Tausch breitete sich immer mehr über den Erdball aus und wurde zur *dominanten* Form der Vermittlung von Produktion und Konsumtion.

In Anlehnung an Ferdinand Tönnies[23] unterscheidet der Philosoph Peter Ruben zwischen Gemeinschaft und Gesellschaft: »Die Unterscheidung kann gemacht werden, sieht man die Gesellschaft im ökonomischen Austausch (im Weltmarkt) verwirklicht, dagegen die Gemeinschaft in der unmittelbaren Kooperation ihrer Individuen, komplettiert durch die Ver- bzw. Zuteilung des gemeinschaftlich Produzierten.«[24] Vergesell-

20 Karl Polanyi: The Great Transformation. Politische und ökonomische Ursprünge von Gesellschaften und Wirtschaftssystemen, Frankfurt a. M. 1997, S. 226.

21 »In den Wirtschafts- und Rechtsordnungen, die den unseren vorausgegangen sind, begegnet man fast niemals dem einfachen Austausch von Gütern, Reichtümern und Produkten im Rahmen eines zwischen Individuen abgeschlossenen Handels«, schreibt Mauss. So sei eher zwischen den Gemeinschaften als Ganzes »ausgetauscht« worden; vgl. Mauss: Die Gabe, S. 21.

22 Marx: Kapital I, MEW, Bd. 23, S. 102.

23 Ferdinand Tönnies: Gesamtausgabe, Bd. 2: 1880–1935: Gemeinschaft und Gesellschaft, hrsg. von Bettina Clausen und Dieter Haselbach, Berlin/New York 2019.

24 Ruben: Was ist Kommunismus?, S. 5. Auf dieser Unterscheidung beruht bei Ruben dann auch der Unterschied zwischen Kommunismus (Gemeinschaftsordnung) und Sozialismus (Gesellschaftsordnung). Zur kontroversen Diskussion in der Linken vgl. Sebastian Klauke: Zur linken Rezeptionsgeschichte von Gemeinschaft

schaftung bedeutet in diesem Zusammenhang daher auch ein Herauslösen der Individuen aus den historisch gewachsenen sozialen Verhältnissen und ihr Hineinwachsen in neue gesellschaftliche Verhältnisse, nämlich die der spezifisch modernen, von einer bestimmten Tauschlogik geprägten kapitalistischen Produktionsweise. In ihr findet Tausch nicht mehr nur an den Rändern der Gesellschaft statt, ist nicht nur begrenzt auf Güter der Konsumtion. Vielmehr wird Tausch wesentliche Vermittlung von Reproduktion und Produktion, wird dominanter Tausch und universeller Tausch (inkl. Arbeitskraft und Boden etc.). »Gesellschaft« ist in diesem Sinne eine Erscheinung der modernen Verhältnisse.[25]

Modus kapitalistischer Vergesellschaftung

Aber warum beziehen sich die Menschen als Marktsubjekte, also als Tauschende, aufeinander? Der Grund liegt darin, dass die Arbeiten im Kapitalismus aufgrund der gesellschaftlichen Arbeitsteilung zwar sachlich auf einander bezogen sind, dass

und Gesellschaft, in: Cornelius Bickel/Sebastian Klauke (Hrsg.): Ferdinand Tönnies und die Soziologie- und Geistesgeschichte, Wiesbaden 2022, S. 69–102.

25 Man kann eine Unterscheidung zwischen Gemeinschaft und Gesellschaft zwar bei Marx herauslesen, insofern er »Vergesellschaftung« als Kennzeichen moderner, kapitalistischer Produktionsweise betrachtet (umfassende, d. h. auch Boden und Arbeitskraft einbeziehende Vermittlung über Ware-Geld-Tausch), während er bei vorkapitalistischen Epochen von »Gemeinschaft« oder »Gemeinwesen« (keine umfassende Vermittlung über Ware-Geld-Tausch, kein Äquivalententausch) spricht. Er hat diese Unterscheidung jedoch nie explizit ausgeführt. Würde man diese Trennung »Gesellschaft = Moderne« und »Gemeinschaft = Vormoderne« durchhalten, müsste man streng genommen die Art und Weise, wie sich vorkapitalistische Gemeinwesen reproduziert haben, als »Vergemeinschaftung« oder »vergemeinschaftete Arbeit« bezeichnen. Marx spricht aber von »vergesellschafteter Arbeit« auch bei Gemeinwesen vorkapitalistischer Epochen. Es handelt sich hier um eine begriffliche Rückprojektion. Wir finden sie auch bei dem Wort »Eigentum«, eine moderne Kategorie, die mit ihrem hohen Abstraktionsgrad mit der Herausbildung der kapitalistischen Produktionsweise entstanden ist und die Marx dennoch benutzt bei der Beschreibung vorkapitalistischer Eigentumsverhältnisse. Der oben bereits zitierte Rechtshistoriker Wesel betont, dass die Begrifflichkeit von Eigentum in den frühen, archaischen Gesellschaften grundsätzlich unterschieden ist von der modernen Gesellschaft und dass daher das Problem bereits bei der Wahl der richtigen Sprache liegen würde, mit der diese uns fremden Verhältnisse beschrieben werden sollen. Er hält aber die Verwendung des Begriffs Eigentum dennoch für gerechtfertigt, wenn man sich der Gefahr der Rückprojektion des gesamten zeitgenössischen Kontexts bewusst ist und ihr entsprechend begegnet. (vgl. Wesel: Entwicklung) Vor diesem Hintergrund folge ich in der vorliegenden Arbeit der marxschen Verwendung des Begriffs Vergesellschaftung auch für vorkapitalistische Gemeinschaften.

sie aber unabhängig voneinander verrichtet werden. Der Eigentümer einer Fahrradfabrik fragt nicht, wie viele Fahrräder die Menschen einer Stadt oder eines Landes brauchen, sondern er geht davon aus, dass es einen Bedarf gibt – möglicherweise gibt es Marktumfragen –, und hofft, dass auf sie in der Konkurrenz mit anderen Fahrradfabriken ein bestimmter Anteil an der (erwarteten) Gesamtnachfrage entfällt. Alle spekulieren auf einen erfolgreichen Verkauf. Erst in dem Moment, in dem ein Fahrrad tatsächlich verkauft worden ist, hat *Produktion für andere* stattgefunden, erst im Nachhinein wird die Produktion des Fahrrads also *gesellschaftliche Arbeit*. Wenn das Fahrrad nicht verkauft wird, hat zwar Produktion stattgefunden, aber nicht für andere, es handelt sich dann nicht um gesellschaftliche Arbeit. Das zeigt sich bei Butterbergen, auf Halde stehenden Autos oder Investitionsruinen.

Die Produktion von Gütern und Dienstleistungen erfolgt »privat«, unabhängig von den anderen, die ebenfalls produzieren. Die kapitalistischen Unternehmen sind keine öffentlichen Akteure, die untereinander abgestimmt einen gesellschaftlichen Bedarf ermitteln und dann auch wissen, was gebraucht und hergestellt werden muss. Aus diesem Grund braucht es eine Instanz, die die unbekannten Größen von Gesamtangebot und (zahlungsfähiger!) Gesamtnachfrage miteinander in Beziehung setzt. Anders könnte überhaupt keine gesellschaftliche Arbeit, also Arbeit für andere und Mehrarbeit, stattfinden. Erst aus der Privatproduktion resultiert die Notwendigkeit des Tauschs, durch das die Produkte nicht nur einen Gebrauchswert, sondern auch einen Tauschwert erhalten – die beiden elementaren Bestimmungen einer Ware: »Gebrauchsgegenstände werden überhaupt nur Waren, weil sie Produkte voneinander unabhängig betriebner Privatarbeiten sind.«[26]

Der Tausch Ware gegen Geld ist nichts Natürliches, was es in allen menschlichen Gesellschaften gegeben hätte. Auch wenn Tausch als Randphänomen in vielen früheren Gesellschaften existierte, als vorherrschende Vermittlungsform von

26 Marx: Kapital I, MEW, Bd. 23, S. 87.

Produktion und Konsumtion ist der geldvermittelte Warentausch ein relativ neues historisches Produkt (s.o., S. 53–56).

Dieser geldvermittelte Warentausch produziert potenziell unendlich lange und mit einander verwobene Tauschketten. Auf diese Weise wird ein gesellschaftlicher Zusammenhang in ganz anderer Größenordnung hergestellt, als dies früher der Fall war. Zugleich beinhalten diese Verkettungen Möglichkeiten der Unterbrechung, die zu ökonomischen Krisen führen können. Geld als allgemeines Äquivalent ist nach Marx weit mehr als nur Tauschmittel, es ist »materielles Dasein des abstrakten Reichtums«.[27] Das heißt, die einzelnen Waren *sind* nicht selbst »abstrakter Reichtum«: Mein Tisch ist zwar 100 Euro wert, dieser abstrakte Reichtum wird im Tisch aber nur *vorgestellt,* erst wenn ich für ihn 100 Euro erhalte, hat der abstrakte Reichtum ein konkretes Dasein gewonnen, das nun seinerseits gegen alles andere eingetauscht werden kann (was der Tisch nicht kann). Insofern ist Geld auch die abstrakteste Form von Eigentum und die Inkarnation der gesellschaftlichen Arbeit: Als Eigentümerin von Geld habe ich Zugriff auf die Ergebnisse gesellschaftlicher Arbeit, Geld kann alles kaufen, ohne Geld bin ich von allem ausgeschlossen, unabhängig von meinem Bedürfnis und unabhängig davon, ob genug für alle herstellbar ist oder vielleicht sogar schon zur Verfügung steht. Insofern ist Geld *das Mittel,* um den Ausschluss der anderen, der mit dem Privateigentum gegeben ist, durchzusetzen. Geld ist »*nichts als* Eigentum, es ist *reines* und *ausschließliches* Eigentum«.[28] Deutlich wird dies, wenn man bedenkt, dass weltweit der Hunger keinem Mangel an Nahrung geschuldet ist, sondern einem Mangel an Geld.

Dabei ist Geld keineswegs ein Produkt der Reflexion oder der Verabredung, wie Locke meinte (s.o., S. 57–58), es wird ohne Absicht im Austauschprozess gebildet.[29] In der alltäglichen Wahrnehmung wird es aber als etwas begriffen, was bereits *vor* jeder gesellschaftlichen Aktion vorhanden ist, so als sei Gold (oder heute der 100-Euro-Schein) von Natur aus

27 Karl Marx: Zur Kritik der politischen Ökonomie, in: MEW, Bd. 13, S. 102.

28 Bockelmann: Geld, S. 301.

29 Vgl. dazu Marx: Kapital I, MEW, Bd. 23, S. 99–101.

Geld. Weil Geld anscheinend immer schon da ist, beziehen wir uns darauf als Wertgegenstand und nutzen es zum Tausch. So die Vorstellung. *Es ist allerdings umgekehrt*: Indem wir als Tauschende unsere Waren auf Gold oder bestimmte Papierscheine als allgemeinen Ausdruck von Wert beziehen, machen wir das Gold oder die Papierscheine überhaupt erst zu »Geld«.[30]

Die Produkte der gesellschaftlichen Arbeit scheinen nun in der kapitalistischen Vergesellschaftung aus sich heraus ein Verhältnis zueinander einnehmen zu können: Ein Kilo Äpfel ist billiger als 500 Gramm Kaffee. Apfel und Kaffee stehen offensichtlich in einem Verhältnis zueinander, indem eines weniger wert ist als das andere, ohne Zutun der Individuen; man findet diese Preisunterschiede zwischen Waren schlicht vor. Auch Preissteigerungen (Inflation) scheinen wie ein Naturphänomen irgendwie zu geschehen, ebenso Aktienkurse, die fallen oder steigen. Auch Wirtschaftskrisen brechen wie Naturphänomene über die Menschen herein. Das alles sind Ergebnisse menschlicher Handlungen, sie erscheinen aber als Eigenschaften der Dinge. Marx kann daher über die Warenproduzenten schreiben: »Ihre eigne gesellschaftliche Bewegung besitzt für sie die Form einer Bewegung von Sachen, unter deren Kontrolle sie stehen, statt sie zu kontrollieren.«[31] Es ist die spezifisch moderne Tauschpraxis, das heißt die Art und Weise, wie die Marktsubjekte sich bezüglich der Aneignung von Natur zueinander ins Verhältnis setzen, was ihnen ihre eigenen gesellschaftlichen Beziehungen als Beziehung von Dingen wiederspiegelt und was die sozialen Formen, die durch den Tausch entstehen (Ware, Geld, Lohn etc.) so erscheinen lassen, als hätte sie es schon immer gegeben. Diese Wahrnehmung ist auch die Grundlage für die Rückprojektion moderner Verhältnisse in geschichtlich weit zurückliegende Zeiten.

---

30 Marx fasst das sehr knapp zusammen: »Eine Ware scheint nicht erst Geld zu werden, weil die andren Waren allseitig ihre Werte in ihr darstellen, sondern sie scheinen umgekehrt allgemein ihre Werte in ihr darzustellen, weil sie Geld ist. Die vermittelnde Bewegung verschwindet in ihrem eignen Resultat und lässt keine Spur zurück.« (ebd., S. 107). Letzteres haben wir auch schon bei Eigentum und Arbeit gesehen.

31 Ebd., S. 89.

Voraussetzung dieser spezifisch kapitalistischen Vergesellschaftung war die Entstehung des Privateigentums an Produktionsmitteln. Die von der Natur Abhängigen fanden sich nach einer jahrhundertelangen Transformation schließlich von allen Elementen des Stoffwechsels, von den objektiven Bedingungen der Produktion, getrennt, eine Trennung »wie sie vollständig erst gesetzt ist im Verhältnis von Lohnarbeit und Kapital«.[32] Der Unterschied zwischen der kapitalistischen und den vorherigen Produktionsweisen besteht nun aber nicht darin, dass die gesellschaftliche Produktion früher »unvermittelt« gewesen wäre, während sie heute vermittelt ist über den Tausch Ware gegen Geld. Selbstverständlich findet immer eine gesellschaftlich vermittelte Aneignung der Natur durch Arbeit statt, das heißt, eine »Verbindung« von Produktionsmittel, Natur und Mensch.[33] Was die verschiedenen historischen Gesellschaftsstrukturen voneinander unterscheidet, ist die je bestimmte Art und Weise, wie diese Verbindung vollzogen wird. Es stellt sich daher die Frage, wie in einer *postkapitalistischen Vergesellschaftung* Produktionsmittel, Natur und Mensch miteinander »verbunden« wären.

32 Marx: Grundrisse, MEW, Bd. 42, S. 397.

33 Das ist überhaupt die einzige Art und Weise, wie sich Menschen im Rahmen gesellschaftlicher Arbeitsteilung erhalten und als Gattung reproduzieren können: »Welches immer die gesellschaftlichen Formen der Produktion, Arbeiter und Produktionsmittel bleiben stets ihre Faktoren«, aber: »die einen und die andern sind dies nur der Möglichkeit nach im Zustand ihrer Trennung voneinander. Damit überhaupt produziert werde, müssen sie sich verbinden.« (Karl Marx: Das Kapital. Zweiter Band, in: MEW, Bd. 24, S. 42)

6 — Unmittelbar kooperative Vergesellschaftung

Die »große Wiederaneignung«

In den beiden vorangegangenen Kapiteln wurden die wesentlichen Merkmale kapitalistischer Vergesellschaftung geschildert. Zentrales Kennzeichen ist, dass die Menschen ihre Gesellschaftlichkeit unabhängig voneinander, das heißt *privat* herstellen. Aus dieser Praxis resultiert ein ganz bestimmter Zweck der Produktion: Profit. Bedürfnisse werden nur dann befriedigt, wenn dieser Zweck erreicht wird. Soll die Befriedigung von Bedürfnissen *Ziel* gesellschaftlicher Produktion sein und nicht nur ein Mittel, mit dem Profit gemacht werden kann, bräuchte es nicht nur eine Aufhebung der privaten Verfügungsgewalt über die Produktionsmittel, sondern auch eine andere Art *des ökonomischen Zusammenwirkens*: An die Stelle von Konkurrenz und Tausch müsste *unmittelbar gesellschaftliche Kooperation mit gemeinsam beschlossenen Zwecken* treten. Erst dann wären die Arbeitenden nicht mehr »Lohnabhängige«. Sie würden nach wie vor mit den Produktionsmitteln arbeiten, allerdings in einem neuen gesellschaftlichen Zusammenhang. Die Arbeitenden in den kapitalistischen Betrieben haben die Produktionsmittel in ihrem Besitz (d. h. sie haben de facto die Verfügungsgewalt), sie arbeiten an und mit ihnen, allerdings unter dem Kommando der Privateigentümer (diese haben die abstrakte Verfügungsgewalt und bestimmen die Zwecke).[1]

1 Dem Umstand, dass die Lohnarbeiter als Besitzer der Produktionsmittel im Sinne der Eigentümer der Produktionsmittel arbeiten, das heißt, deren Zwecke und nicht eigene Zwecke damit verfolgen, trägt das Bürgerliche Gesetzbuch mit dem § 855 Rechnung, der mit dem für juristische Laien ungewöhnlichen Begriff »Besitzdiener« überschrieben ist: »Übt jemand die tatsächliche Gewalt über eine Sache für einen anderen in dessen Haushalt oder Erwerbsgeschäft oder in einem ähnlichen Verhältnis aus, vermöge dessen er den sich auf die Sache beziehenden Weisungen des anderen Folge zu leisten hat, so ist nur der andere Besitzer.« Dass jene Person, die die Produktionsmittel tatsächlich »besitzt« in einem solchen Verhältnis doch kein Besitzer ist, sondern nur »Besitzdiener«, erklärt sich daraus,

Eine Aufhebung dieser Trennung ist die Voraussetzung dafür, dass die Arbeiten betriebsübergreifend von kooperierenden, nicht mehr konkurrierenden Arbeitenden abgestimmt werden und damit einem neuen Zweck dienen können: der Befriedigung von Bedürfnissen, nicht mehr der Erzielung von Profit. Die jeweiligen Arbeiten würden, da sie nicht mehr unabhängig voneinander erfolgten, nicht mehr »blind« stattfinden müssen. Die betriebsübergreifende Arbeitsteilung würde stattdessen »sehenden Auges« organisiert werden. Die Menschen würden dann wissen, welche Bedürfnisse es gibt, sie würden die Mittel zu ihrer Befriedigung kennen und sie rational einsetzen können. Die Arbeit all jener, die dann am Band stehen, Software programmieren, Alte pflegen, Maschinen zusammenschrauben, Kinder unterrichten, Kleidung nähen, Bahn fahren, Brot backen, Kühe melken, Rohstoffe erschließen, Häuser bauen – die Tätigkeiten all jener also, die den gesellschaftlichen Reichtum, seien es immaterielle oder materielle Güter oder Dienstleistungen, tagtäglich herstellen bzw. erbringen, würde durch die Veränderung der sozialen Beziehungen von kompetitiv zu kooperativ *unmittelbar* gesellschaftlich werden: Das, was gesellschaftliche Arbeit ist, also Arbeit für andere, würde sich nicht erst nachträglich durch Tausch herausstellen, sondern im *Vorhinein*. Die unmittelbaren Produzenten würden – gesellschaftlich abgestimmt und demokratisch ausgehandelt – die Qualitäten und Quantitäten des Bedarfs ermitteln, um dann Produktion und Verteilung bewusst, transparent und planvoll zu koordinieren. Da das Kriterium der Rentabilität für die Entscheidung, ob jemand arbeiten darf oder nicht, entfiele, könnten alle Menschen, die dazu in der Lage sind, zur gesellschaftlichen Gesamtarbeit beitragen.

Die Individuen würden Produzenten- und Konsumentensouveränität in Personalunion erlangen und nicht mehr reduziert werden auf ein Dasein als Konsument. Dass in einer Zeitung auf einer Seite dazu aufgerufen wird, weniger Fleisch zu

dass diese Person als verlängerter Arm des Eigentümers gilt, »gewissermaßen als Werkzeug des Besitzherrn.« (Klaus Schreiber: Die Besitzformen, in: Jura 7/2012, S. 515) Wichtigstes Merkmal ist also die Weisungsgebundenheit.

essen wegen des Klimawandels, während auf einer anderen ein Supermarkt für Fleisch wirbt, das gerade billig im Sonderangebot zu haben ist, würde der Schizophrenie einer vergangenen marktvermittelten und profitorientierten Wirtschaftsweise angehören. Vielleicht würde man eine hitzige Debatte über die neueste Entscheidung zum Fleischkonsum lesen können.

Wer bei welcher Entscheidung wie involviert ist, wäre abhängig von den je unterschiedlichen Reichweiten von Produktion und Konsum – lokal, regional oder global. Nicht alle müssten darüber entscheiden, ob eine Bäckerei in Bad Liebenwerda 200 oder 300 Brötchen am Tag backen soll. Beim Thema Fleischkonsum könnte das anders aussehen: Soll so viel Fleisch wie möglich produziert werden, um alle Bedürfnisse zu befriedigen, oder soll der Fleischkonsum aus Gründen der Ökologie und des Tierwohls eingeschränkt werden (mit der Konsequenz, dass dann jeder nur noch ein bestimmtes Kontingent verbrauchen kann)? Das wäre ein Sachverhalt, der gesellschaftlich ausgehandelt werden müsste. Auch der Bau größerer Gebäude, gar die Stadtplanung allgemein, oder die Planung einer neuen Stromtrasse würde die Einbeziehung von vielen Menschen erfordern.

Die gesellschaftlich vermittelte Aneignung von Natur wäre von vornherein dem politischen Raum und der gemeinsamen Aushandlung zugänglich. Im Falle unbeabsichtigter negativer Auswirkungen könnte man entsprechend umsteuern, während eine solche Korrektur im Kapitalismus den privatautonomen Produzenten obliegt, das heißt sich immer an deren Verwertungsinteresse messen lassen muss. Eine gesamtgesellschaftlich getroffene Entscheidung über die Befriedigung von Bedürfnissen hätte zur Folge, dass Kosten ökologischer Fehlentscheidungen nicht mehr andernorts anfielen, sondern von allen getragen bzw. entsprechend vermieden werden könnten.[2]

Die individuelle Entnahme aus dem Topf des gesellschaftlich produzierten Reichtums wäre in Qualität und Quantität

2 Vgl. Brand/Wissen: Kapitalismus am Limit.

nicht mehr Ergebnis eines schmalen oder dicken Geldbeutels, sondern einer gesellschaftlichen Produktionsweise, an der alle partizipieren. Eine extrem ungleiche individuelle Aneignung der gesellschaftlichen Arbeit wäre daher kaum noch möglich, weil unter den neuen Bedingungen nicht mehr der Großteil der Arbeitenden für den Reichtum der wenigen Privateigentümer arbeiten müsste.

Man kann sich das alles gut für einzelne Bereiche vorstellen, für Kooperativen, Genossenschaften, syndikalistische Zusammenschlüsse, für Praktiken solidarischer Ökonomie oder für Formen der »Umsonst-Ökonomie«. Das sind meist Zusammenhänge, die hauptsächlich nach innen wirken, die aber auch von sich aus betriebsübergreifende Kooperationen knüpfen können, um so die tauschlose Vernetzung untereinander auszuweiten. Die Frage aber, wie dann entschieden werden würde, was produziert und wie es verteilt wird, wenn es um die ganze Gesellschaft geht (oder gar gleich um die ganze Menschheit), macht die meisten Menschen ratlos. Die Vorstellung einer gesamtgesellschaftlichen Kooperation gilt als hoffnungslos naiv und utopisch. Wie aber wird in der kapitalistischen Produktionsweise »entschieden«? Auch in der kapitalistischen Welt gibt es Kooperation, Abstimmung, Arbeitsteilung, Organisation, Verteilung, Logistik. Und das Weltweit.

Innerhalb von Unternehmen werden Stoffgrößen ermittelt (wie viel Kilo, Liter etc. von Vorprodukten sind nötig für die Herstellung des Produktes X, wer liefert davon wie viel, welche Mengen sind über den Ladentisch gegangen, welche Mengen von dem Gut Y müssen nachbestellt werden etc.) und auch betriebsübergreifend werden Waren immer in stofflichen Größen geordert und gehandelt. Wie viel »Menge« – in stofflichen Größen gemessen – produziert, als Vorprodukte bestellt oder verkauft werden soll, das bemisst sich im Kapitalismus allerdings allein an der Frage des erhofften Profits, den die Eigentümer der Produktionsmittel damit machen wollen. Er ist im Kapitalismus *die* Steuerungsgröße schlechthin. Wo Profit erwartet wird, fließt Kapital hin, dort wird investiert und damit produziert. Dass und wie auch im Kapitalismus durchgängig geplant wird, darauf werden wir gleich noch ausführlicher zu sprechen kommen.

Das, was produziert werden würde, wäre in einer unmittelbar kooperativen Vergesellschaftung nicht Resultat der Entscheidungen des Kapitals entlang der jeweils bestmöglichen Profitrate, sondern Resultat von Überlegungen und Auseinandersetzungen unterschiedlicher, demokratisch legitimierter Gremien. Dort würde man zwischen dem gesellschaftlich Gewünschten, dem Notwendigen und dem von den Ressourcen und dem Naturverbrauch her Möglichen abwägen. Die Dynamik des endlosen und abstrakt maßlosen Wachstums um des Wachstums willen wäre durchbrochen, da der Zwang zur Steigerung der Produktivität, um in der Konkurrenz zu überleben, entfallen würde. Illustriert werden kann diese Form gesellschaftlicher Arbeit anhand der Art und Weise, wie innerhalb von Unternehmen produziert wird. Marx beschreibt dies im dritten Band des »Kapitals« als »unmittelbar gesellschaftliche, vergesellschaftete Arbeit« oder aber als »unmittelbare Kooperation innerhalb des Produktionsprozesses«.[3] Innerhalb eines Unternehmens findet kein Ware-Geld-Tausch statt, die einzelnen Abteilungen verkaufen ihre Leistungen nicht der anderen Abteilung mit dem Ziel, einen Gewinn zu machen. Vielmehr wird untereinander kooperiert, man bespricht, was produziert wird, wer was zuarbeitet; diese Absprachen werden schließlich koordiniert, organisiert und umgesetzt.

In der »Kritik des Gothaer Programms« von 1875 finden wir einen weiteren Hinweis auf diese »unmittelbar vergesellschaftete Arbeit«, die dort nicht mehr nur auf die interne Organisation von Unternehmen bezogen ist, sondern Kennzeichen einer postkapitalistischen Vergesellschaftung wäre.[4] In dem Moment, in dem die produzierenden Einheiten nicht mehr konkurrieren, würde die Gesellschaftlichkeit über die unmittelbare Kooperation hergestellt. »Der Markt« als Instanz

3 Marx: Kapital III, MEW, Bd. 25, S. 113.

4 Auch hier: »Damit die Arbeit sich wieder zu ihren objektiven Bedingungen als ihrem Eigentum verhalte, muss ein andres System an die Stelle des Systems des Privataustauschs treten.« (Marx: Grundrisse, MEW, Bd. 42, S. 417)

wäre überflüssig und entfiele. »Die individuellen Arbeiten«, so Marx, existierten dann »nicht mehr auf einem Umweg, sondern *unmittelbar* als Bestandteile der Gesamtarbeit.«[5] Es würden dann auch neue Verkehrsformen entstehen. Die Geld-, Waren-, Lohnform etc. würden im Laufe der Zeit obsolet werden. Aufgrund der Aufhebung des Privateigentums an Produktionsmitteln wären sie anachronistisch und der neuen Produktionsweise nicht mehr angemessen. Unvorstellbar? Drehen wir die Sache einmal um: Wir alle kennen Phänomene in denen ein einstmals frei zugängliches Gut plötzlich etwas kostet – etwa digitale Güter wie Musik, E-Books, Softwareprogramme etc. – oder wenn bislang kostenlose Plattformen plötzlich »Eintrittsgeld« verlangen. Wir ärgern uns dann zwar darüber, aber wir machen uns keine prinzipiellen Gedanken über den »Formwandel«, denn die Warenform ist die uns vertraute soziale Verkehrsform. Wir haben überhaupt kein Problem damit, dass es Zeit, Geld, Arbeitskraft etc. bedeutet, etwas in die Form der Ware zu bringen. Geldströme müssen organisiert und verwaltet, Eigentumsschutz etabliert, Bewusstsein dafür geschaffen werden, dass die Kommodifizierung jetzt wirklich nötig ist, damit die Menschen auch bezahlen und nicht vor Ärger wegbleiben. Dass etliche Menschen aufgrund Geldmangels dann ausgeschlossen werden, auch das scheint legitim zu sein, sogar bei digitalen Gütern, die sich im Gebrauch nicht verbrauchen, ist die Irritation gering. Die Durchsetzung von Privateigentum mittels Kommodifizierung einst kostenloser Güter gilt als natürlich. Das Umgekehrte scheint dagegen jenseits aller Vorstellung zu liegen.[6]

Dass der Markt eher das Problem als die Lösung darstellt, wird angesichts des Klimawandels in jüngster Zeit immer offensichtlicher. Die Antwort auf dieses Problem lautet dann häufig »Planung statt Markt« oder aber »den Markt stärker planen«. Zu Ersterem gehören Debatten, die um die Frage kreisen,

5 Karl Marx: Kritik des Gothaer Programms, in: MEW, Bd. 19, S. 20.

6 Angesichts des Reichtums, den die kapitalistische Produktionsweise in den letzten Jahrhunderten geschaffen hat, sodass alle auf der Welt theoretisch ernährt werden könnten, ist es erstaunlich, dass immer noch die meisten Menschen Luxus für wenige für legitimer halten als Essen für alle.

wie in einer komplexen Gesellschaft die ökonomischen Prozesse jenseits von Profit und/oder Ware-Geld-Tausch geplant werden könnten. Diese Frage war bereits Gegenstand von wissenschaftlichen Auseinandersetzungen in den 1920er- und 1930er-Jahren, wenn auch nur kurzzeitig.[7] Ein Strang der zeitgenössischen Planungsdebatte knüpft an diese fast vergessene Auseinandersetzung an, entwickelt die Überlegungen aber explizit unter Bezugnahme auf die Potenziale aktueller Technologien wie der Künstlichen Intelligenz weiter.[8] Auftakt zur Renaissance der Planungsdebatte war das 2019 erschienene Buch mit dem programmatischen Titel »People's Republic of Walmart« von Leigh Phillips und Michal Rozworski.[9] Darin argumentieren die Autoren, dass es gerade die riesigen kapitalistischen Handelskonzerne wie Amazon und Walmart sind, die zeigen, wie vernünftige Planung zugunsten einer bedürfnisorientierten Wirtschaftsweise funktionieren könnte.[10] Mithilfe von Algorithmen lässt sich kleinteilig und in Echtzeit ermitteln, wer was wann und wie viel davon braucht. Das Argument bürgerlicher Ökonomen in der historischen Debatte war, dass in einer komplexen Gesellschaft der Markt (mittels Preissignalen) sehr viel effizienter die Informationen zur Verfügung stellen könne als eine zentrale Planungsinstanz.[11] Es gäbe keinen Mastermind, der alles übersehen könnte. Dieser Einwand, so die aktuellen Überlegungen, habe sich mit der Digitalisierung erledigt. Amazon kennt meine Bedürfnisgeschichte und

7 Vgl. Oliver Schlaudt: Lenin, Castro, Bezos? Die Idee des »Cybersozialismus« im Licht historischer Planungsdebatten, in: Timo Daum/Sabine Nuss: Die unsichtbare Hand des Plans, Berlin 2021, S. 40–52.

8 Empfohlen sei hierzu der Podcast »Future Histories« von Jan Groos, ein »Podcast zur Erweiterung unserer Vorstellung von Zukunft«. Der Hörkanal existiert seit Mai 2019 und sendet jeden zweiten Sonntag eine Folge mit den derzeit wichtigsten Autorinnen und Autoren zum Thema. Mittlerweile lässt sich durchaus sagen, dass er den Stand der aktuellen Planungsdebatte repräsentiert.

9 Leigh Phillips/Michal Rozworski: The People's Republic of Walmart. How the World's Biggest Corporations are Laying the Foundation for Socialism, London 2019.

10 Houssam Hamade/Christoph Sorg: Die smarte Planwirtschaft, in: Die Zeit, 15.6.2023.

11 Der Publizist Evgeny Morozov kritisiert dies zu Recht, indem er feststellte, dass die Preise keinesfalls neutral sind und nur ermitteln, was zur Produktion und zum Konsum gebraucht wird. Vielmehr sind sie die relevante Information für denjenigen, der sein Handeln an der Möglichkeit des Profits ausrichtet. Zur Kritik an dieser Vorstellung neutraler Preisermittlung vgl. Schlaudt: Lenin, Castro, Bezos?

kann voraussagen, was mir gemessen daran wahrscheinlich auch noch gefallen würde und was ich gegebenenfalls morgen bestellen werde. Man kann also in Echtzeit ermitteln, wer was möchte.[12]

Dass in großen Konzernen wie in jedem noch so kleinen Unternehmen geplant wird, ist keinesfalls überraschend, denn nicht ein einziger Arbeitsprozess würde ohne Planung funktionieren. Dass die neuen Technologien hier einiges optimieren, einfacher, schneller, effizienter machen, soll nicht in Abrede gestellt werden. Aber das eine ist, innerhalb von Unternehmen für einen Markt zu planen, das andere ist, gesamtgesellschaftlich, das heißt, zwischen Unternehmen und jenseits eines Marktes zu planen. Dieser Anspruch wirft mehr Fragen als Antworten auf. Wird Gesellschaftlichkeit nicht mehr über private und voneinander unabhängige Produzenten hergestellt, sondern über Kooperation und Absprache, müssen nicht nur institutionelle Gremien und Strukturen her, in denen diese Absprachen getroffen werden, sondern es stellen sich auch – was viel schwieriger ist – Fragen der Demokratie. Wie regeln die Menschen unter Bedingungen einer unmittelbar kooperativen Vergesellschaftung das Verhältnis von Mehr- und Minderheiten? Was, wenn 60 Prozent für den Ausbau des öffentlichen Nahverkehrs sind, aber 40 Prozent dagegen? Wie kommt man dann zu einer gesamtgesellschaftlichen getragenen Entscheidung? Was, wenn Einzelne immer noch einen SUV fahren oder jeden Tag Fleisch essen wollen? Wie geht man mit Bedürfnissen um, die von einer Minderheit artikuliert werden würden? Welche Modelle von Partizipation sollte man benutzen – repräsentative Formen oder eher direkte Demokratie oder eine Mischung aus beiden? Solche demokratietheoretischen Fragen können nicht durch Technologie gelöst werden, die Diskussionen können lediglich durch sie unterstützt werden. Auch wenn die Algorithmen in Sekunden ermitteln kön-

12 Am anderen Pol der neuen Planwirtschaftsdebatte stehen Entwürfe, die sich an Kriegswirtschaften orientieren; einschlägig Ulrike Herrmann: Das Ende des Kapitalismus. Warum Wachstum und Klimaschutz nicht vereinbar sind – und wie wir in Zukunft leben werden, Köln 2022.

nen, dass zehn Millionen Menschen ein Auto wollen, und auch wenn die Zulieferung von Vorprodukten im Nu berechenbar wäre, ja, sogar die Kapazitäten und Produktionszeiten vorhersagbar wären, dann wäre es am Ende immer noch eine gesellschaftliche Entscheidung, ob diese Anzahl von Autos wirklich wünschenswert ist oder nicht, Entscheidungen, die den digitalen Prozessen *vorgeschaltet* sein müssten. Möchte man die Herausbildung neuer Machtasymmetrien vermeiden, gehören Fragen der demokratiesichernden Institutionen und Regulierungsweisen ins Zentrum der Überlegungen.[13]

Bezogen auf die Neugestaltung des gesellschaftlichen Gesamtzusammenhangs kann von einer »großen Wiederaneignung« gesprochen werden, da mit der Demokratisierung der Verfügungsgewalt über Produktionsmittel die historische soziale Enteignung aufgehoben wäre, und zwar – dank der Entwicklung der Produktivkräfte seit dem frühen 19. Jahrhundert – auf einem neuen, zeitgemäßen Niveau mit hohem technologischem Stand.

Nun waren auch die Tätigkeiten in den von Marx beschriebenen vorbürgerlichen, archaischen Gemeinschaften »unmittelbar vergesellschaftete Arbeit«. Das bedeutet für eine postkapitalistische Vergesellschaftung aber mitnichten, dass es um ein Zurück zu kleinbäuerlicher Produktion oder zu Gemeinschaften der bäuerlichen Subsistenz geht. Postkapitalistische Vergesellschaftung meint nicht Vergemeinschaftung. Der Vergleich mit vorbürgerlichen Gemeinschaften illustriert nur, worauf es bei einer postkapitalistischen Vergesellschaftung ankommen müsste: auf eine neue Form der sozialen Beziehungen zwischen den Individuen bezüglich ihrer Aneignung von Natur, eine, die von gesellschaftlicher Kooperation geprägt und *dadurch* unmittelbar gesellschaftlich wird.

Während man in der bürgerlichen Demokratie nur zwischen den unterschiedlichen politischen Regulationsregimes der kapitalistischen Vergesellschaftung wählen darf, wäre mit

13 Das findet durchaus auch statt; vgl. z. B. Stefan Meretz/Simon Sutterlütti: Kapitalismus aufheben. Eine Einladung, über Utopie und Transformation neu nachzudenken, Hamburg 2018.

einer unmittelbar kooperativen Vergesellschaftung die Sphäre der Wirtschaft politisch und gesellschaftlich eingebettet bzw. in die Gesellschaft zurückgeholt. Eine unmittelbar kooperative Vergesellschaftung würde daher »Demokratie« einen emphatischen und alle Lebensbereiche und alle Individuen umfassenden Gehalt verleihen.

Eine solche Vergesellschaftung hätte weitreichende Folgen: Die gesellschaftlichen Verhältnisse würden a) durchsichtig werden, b) sie könnten sich nicht über die Köpfe der Menschen hinweg durchsetzen, da die Menschen die Kontrolle über die Lebensbedingungen in ihren Händen hätten; c) die Verhältnisse würden nicht mehr als naturgegeben erscheinen, es wäre klar, dass sie veränderbar sind. d) Vermutlich würden sich auch die Bedürfnisstrukturen ändern, e) durch die Aufhebung der sozialen Verkehrsform Geld würde die Trennung von Produktion (bezahlt) und Reproduktion (unbezahlt) keinen Sinn mehr machen. f) Auch der Maßstab für Reichtum würde sich wandeln, er würde nicht mehr in Geld liegen, sondern in den Gebrauchswerten. Sind die wesentlichen Bedürfnisse gestillt, wäre der Maßstab des Reichtums freie Zeit.

Wer eine detaillierte Skizze einer unmittelbar kooperativen Vergesellschaftung entwerfen wollte, stößt aus verschiedenen Gründen an Grenzen. Es lässt sich zum Beispiel schwer antizipieren, welche Ressourcen eine Gesellschaft, die nicht mehr unter dem Diktat des Wachstumszwangs steht, plötzlich zur Verfügung hätte, bzw. was sie alles nicht mehr bräuchte und was stattdessen notwendig werden würde. Klar ist, dass Umfang und Beschaffenheit der Ressourcen nicht eins zu eins von der kapitalistischen Praxis in einen alternativen Gesellschaftsentwurf übertragen werden können. Der Wachstumszwang der geld- und konkurrenzbasierten Privatproduktion erfordert tendenziell die Ausdehnung der Lohnarbeit, eine energieintensive Produktion sowie bestimmte Institutionen (Börse, Banken etc.). Ihre Überwindung lässt die unterschiedlichsten Zukunftsvisionen zu. Eine tendenziell romantisierende Version würde antizipieren, dass das Quantum an Arbeitszeit, das jede und jeder Einzelne in einer postkapitalistischen Ära der Vergesellschaftung verrichten müsste, rapide sinken würde; arbeitszeitsparende Technologien wären leichter einsetzbar, weil nicht nach Profitabilitätskriterien entschieden würde oder/und weil alle Menschen, die können, zur gesamtgesellschaftlichen Reproduktion beitragen dürften. Ebenso würde der Energiebedarf in dieser Lesart sinken, weil nicht mehr produziert werden muss, um maß- und endlos Kapital zu vermehren, sondern weil nur noch produziert wird, was gewünscht und gebraucht wird. Gleichzeitig würden Kapazitäten frei für einen raschen und flächendeckenden Ausbau erneuerbarer Energien, weil auch hier Profitabilität keine Rolle mehr spielen würde, sondern rein stoffliche Abwägungen und Berechnungen. Zugleich würde mit dem Wegfall des Geld-, Banken- und Börsensystems nicht nur sehr viel Energiebedarf wegfallen (Beispiel Hochfrequenzhandel, Rechnerleistungen etc.), sondern auch unzählige Arbeitsstunden, von den Gebäuden, die dann nicht mehr benötigt werden, ganz zu schweigen.

Man kann hier endlos die Fantasie spielen lassen und sollte es auch tun. Utopien haben die Kraft, den Denkraum zu erweitern.[14] Allerdings kann in solchen Projektionen schnell übersehen werden, dass eine solche Vergesellschaftungsform Problemstellungen aufwirft, die wir nur annäherungsweise antizipieren können. Angefangen bei den erwähnten demokratietheoretischen Fragen würden sich auch neuartige Fragen bezüglich der Arbeitsteilung stellen. Wo wäre beispielsweise eine überregionale und globale Kooperation notwendig oder erwünscht, wo eher eine Re-Regionalisierung von Produktion nötig und möglich? In welche neue Weise der gesamtgesellschaftlichen Arbeitsteilung würde die Trennung der Sphären Reproduktion und Produktion aufgehoben werden? Eine unmittelbar kooperative Vergesellschaftung würde *neue* Problemstellungen aufwerfen und genau nicht *die Lösung auf Fragen liefern, die uns eine kapitalistische Vergesellschaftung stellt.*

14 Vgl. Samia Mohammed: Zukunft jenseits des Marktes. Demokratie und gesellschaftliche Naturverhältnisse in sozialistischen Utopien, Baden-Baden 2023.

Alles Utopie?

Eine solche Gesellschaft, wäre sie nicht ineffizient? Würde nicht alles brachliegen, was John Locke den »Indianern« attestierte, weil dort aus seiner Sicht »Gemeineigentum« vorherrschte? Würden nicht Hungersnöte wie in der früheren, sich kommunistisch nennenden Sowjetunion grassieren? Wären nicht große Teile der Industrie nicht »wettbewerbsfähig« wie in der DDR? Wenn Privateigentum mit seiner obzwar toxischen, so doch Wachstum fördernden Effizienz immerhin für die weltweite (wenigstens partielle) Zunahme materiellen Wohlstands, die Bekämpfung von Hunger, die gestiegene Lebenserwartung verantwortlich ist, müsste man dann nicht daran festhalten? Könnte man nicht doch versuchen, Wachstum und Ressourcenverbrauch durch staatliche Lenkung von Investitionen voneinander abzukoppeln? Könnte man nicht die Marktlogik gezielt anwenden und den Ressourcenverbrauch bzw. CO_2-Ausstoß verteuern? Könnte man nicht Probleme der sich dadurch verschärfenden sozialen Ungleichheit durch staatliche Umverteilungspolitik abmildern? Und so weiter. Damit ist der Charakter der gegenwärtigen Maßnahmen zur Lösung der größten gesellschaftlichen Probleme beschrieben. Es geht in der Regel darum, die Ergebnisse des kapitalistischen Marktes im Nachhinein zu korrigieren, ohne ihn selbst anzutasten. Das aber bedeutet, dass man an der Logik der privatnützigen Verwendung von Produktionsmitteln festhält: erst die Freiheit zur Beschädigung, dann die Reparatur.

Durch die herrschende Ideologie, die objektiv herrschenden Gedankenformen sowie die Sozialisation der heutigen Individuen in die kapitalistische Marktwirtschaft erscheint sie den Menschen als eine quasi-natürliche Einrichtung. Eine Wirtschaft ohne Markt scheint unvorstellbar. Das ist kennzeichnend für die naturalisierende Wahrnehmung der kapitalistischen Ökonomie und zugleich Ausdruck eines mangelnden Vertrauens in die Fähigkeit der Gesellschaft, ihren eigenen ökonomischen Prozess zu organisieren.[15] Aber ist es nicht

15 Dieser Mangel an ökonomischem Vertrauen hat seine Entsprechung im Politischen: Gegen die Forderungen nach einer Demokratisierung der politischen

ein Armutszeugnis, wenn eine Gesellschaft von sich sagt, der unbewusste Markt richte es besser als der bewusste Mensch? Die unmittelbaren Produzenten nehmen es häufig gar nicht wahr, dass sie in einer solchen Gesellschaft jeden Tag um ihre produktive und konsumtive Selbstbestimmung gebracht werden. Mit ihrer Arbeit könnten alle Menschen auf dem Planeten ernährt werden. Allein, das findet nicht statt. Stattdessen sind wir mit der Drohung konfrontiert, dass die Fortsetzung der kapitalistischen Produktionsweise die natürlichen Lebensbedingungen der Menschen auf diesem Planeten zerstört.[16] Wir produzieren uns zu Tode. Dabei könnte man mit Fug und Recht sagen: Die Produktivkräfte sind nun so weit entwickelt, dass wir anders weitermachen können. In diesem »anders« wäre es nicht mehr effizient, wie bisher aufgrund des privaten Eigentums an Produktionsmitteln, der Profitmaximierung und der Konkurrenz ständig neue Produkte auf den Markt zu bringen. Effizient wäre es dann, mit einem gegebenen Stand an Ressourcen das Maximum an gesellschaftlichem Reichtum zu erzielen, wobei sich »Maximum« an demokratisch bestimmten Kriterien festmachen würde. Der Antrieb würde nicht aus der wirtschaftlichen Macht der Privateigentümer oder aus dem Zwang und der Abhängigkeit der eigentumslosen Subjekte herrühren, aber auch nicht aus der Anrufung einer romantisierten oder idealisierten Gemeinschaftsidentität, wie

Sphäre wurde im 18. und 19. Jahrhundert eingewandt, damit seien die »Untertanen«, also die Gesellschaft, überfordert, man solle das Regieren den Königen und Fürsten überlassen. Heute drückt sich das Misstrauen in die eigenen Kompetenzen unter anderem in der Forderung nach autoritären Entscheidungsstrukturen aus. Demokratische Selbstverwaltung oder Formen der Selbstorganisation, so heißt es dann, seien zu langwierig, zu chaotisch, da mache jede und jeder, was sie wollten; da brauche es eine starke Hand, jemanden, »der es kann«.

16 Auf lokaler Ebene ist der Markt weder der einzige noch zwangsläufig der effizienteste ökonomische Mechanismus. Das geht beispielsweise aus den Arbeiten von Elinor Ostrom hervor, die 2009 den Wirtschaftsnobelpreis für ihre Commons-Forschungen erhielt. Ostrom untersuchte, wie Naturressourcen (Wälder, Gewässer, Fischgründe etc.) kollektiv bewirtschaftet werden, ohne dass es zu einer Übernutzung kommt. Ihr Ergebnis: Weder der auf Privateigentum basierende Markt noch zentralstaatliche Regulierung können eine nachhaltige und produktive Nutzung dieser Ressourcen garantieren, während lokale Kooperationen von Menschen dazu in der Lage sind, die sich ihre Regeln, Sanktionsmechanismen und Konfliktlösungen selbst geben. Vgl. Elinor Ostrom: Die Verfassung der Allmende. Jenseits von Staat und Markt, Tübingen 1999.

es im Nationalismus geschieht und wie es im real existierenden Sozialismus mit dem »siegreichen Proletariat« der Fall war. Der Anreiz würde gerade herrühren aus dem Egoismus jeder und jedes Einzelnen, denn nur durch die eigene Partizipation wäre beeinflussbar, was man selbst konsumieren kann.

Nun wird gesagt, die Gesellschaft sei lokal und global verflochten und zu groß und zu komplex, um via demokratischer Aushandlung zu ermitteln, welche Bedürfnisse es gibt und wie sie befriedigt werden.[17] Der Markt ist die Krücke, von der man denkt, ohne sie könne man nicht laufen. Allerdings gibt es auch im Kapitalismus Bereiche, in denen jenseits der Logik der privatautonomen Produktion gearbeitet wird. Allein, wir nehmen diese Sphären kaum unter diesem Blickwinkel wahr. Das hielt auch die Enquete-Kommission des Deutschen Bundestags »Wachstum, Wohlstand, Lebensqualität« in ihrem Schlussbericht fest: »Die Enquete-Kommission will dem Umstand Rechnung tragen, dass mit der nicht-marktvermittelten Produktion ein großer volkswirtschaftlicher Wertschöpfungsbereich besteht, der bislang nicht in gleichem Umfang ins Blickfeld gerückt ist wie die marktvermittelte Produktion.«[18] Wir sind bei dem, was unter dem Terminus »die Wirtschaft« verstanden wird, auf jene Bereiche fixiert, bei denen der Markt das Angebot bestimmt, aber wir wundern uns nicht, wie es sein kann, dass Güter und Dienstleistungen außerhalb der Marktlogik entstehen.

Verborgene Stätten der Kooperation

Beispiele für nicht-marktvermittelte und nicht-profitorientierte Sphären bietet der sogenannte dritte Sektor, der unterschiedliche Organisationsformen wie NGOs, Vereine, Stiftungen oder Ähnliches kennt und in Deutschland einen bezüglich

17 Dass eine nicht-marktförmige Gesellschaft, vor allem global, nicht in der Lage sei, ihre Bedürfnisse zu ermitteln, ist die vorherrschende Annahme, auch unter Linken; vgl. dafür exemplarisch Dieter Klein: Regulation in einer solidarischen Gesellschaft, Hamburg 2022, S. 66 f.

18 Enquete-Kommission »Wachstum, Wohlstand, Lebensqualität – Wege zu nachhaltigem Wirtschaften und gesellschaftlichem Fortschritt in der sozialen Marktwirtschaft«: Schlussbericht, Bonn 2013, S. 256.

der Bruttowertschöpfung ähnlichen Umfang einnimmt wie das Baugewerbe.[19] Innerhalb dieses Sektors werden vor allem Dienstleistungen erbracht, die zwischen den Einrichtungen und innerhalb ihrer einzelnen Abteilungen beschlossen, koordiniert und kooperativ ausgeführt werden.

Daneben gibt es die Sphäre der bereits erwähnten sogenannten reproduktiven Arbeiten (Fürsorge für Kinder, Pflege von Kranken oder Alten), der familiären Dienstleistungen (Kochen, Bügeln, Putzen, Waschen, die Organisation von Familienfeiern etc.), der emotionalen Arbeit (das Moderieren von Konflikten, die ausgleichende Präsenz in spannungsgeladenen Situationen, die Sorge um den Nächsten oder die Nächste, um Kolleginnen oder Kollegen etc.). Es sind Tätigkeiten, die häufig Frauen verrichten; sie sind oft auf einen Nahraum bezogen, wie das eigene Zuhause, aber sie finden auch im Lohnarbeitskontext statt. Und sie sind meistens unbezahlt. Sie sind nicht dem Zweck untergeordnet, jemandes Kapital zu vermehren, sie werden nicht eingesetzt für einen anonymen Markt. Diese Tätigkeiten tauchen auch nicht im Bruttoinlandsprodukt auf, sie werden nicht gezählt und nicht gemessen, sie sind aus der Sicht der herrschenden Ökonomie nicht »wertschöpfend«. Aber es entsteht hier in Schwerstarbeit ein überlebenswichtiger Teil des gesellschaftlichen Reichtums: »Wir neigen dazu, den Kapitalismus ausschließlich als Wirtschaftssystem zu verstehen. Das bedeutet, dass wir nur die Beziehungen und Aktivitäten in den Blick nehmen, die von Geld bestimmt sind: den profitorientierten Bereich. Tatsächlich könnte dieser Sektor aber nicht existieren, würde er nicht ständig anderen Lebensbereichen Ressourcen entziehen, die außerhalb dessen liegen, was üblicherweise als ›Wirtschaft‹ bezeichnet wird. Es sind insbesondere vier Bereiche, von denen der Kapitalismus abhängt und lebt: Care und soziale Reproduktion, Natur, Arbeit sowie Politik und Öffentlichkeit.«[20]

19 Allerdings gibt es auch im dritten Sektor seit einigen Jahren »Ökonomisierungstendenzen« und »Vermarktlichung«.

20 Nancy Fraser: Mit öffentlichem Luxus gegen den Allesfresser, in: Öffentlicher Luxus. Eine verheißungsvolle Zukunft, hrsg. von communia & BUND Jugend, Berlin 2023, S. 7.

Dienstleistungen, die nicht gegen Geld getauscht werden, sind auch auf jenem Feld zu finden, das gemeinhin mit den Stichworten Freizeit, Hobby, Ehrenamt, politisches Engagement bezeichnet wird. Solche Aktivitäten sind keineswegs nur kleinteilig und nicht auf das Engagement im Turnverein beschränkt oder auf ein gemeinsam erbautes Lehmhaus. Es gibt größere Dimensionen der Organisation. Auf internationalen Klimacamps mit Tausenden Teilnehmenden wird im Rahmen freiwilliger Arbeit mit Arbeitsgruppen, Mailinglisten etc. eine umfassende Infrastruktur organisiert (Trinkwasserversorgung, Shuttleservices, Kinderbetreuung, Toiletten, Duschen, Essen, Übernachtungsplätze etc.). Ein Beispiel für ein Produkt, das jenseits privater Verfügungsmacht und außerhalb der herrschenden Marktlogik gesellschaftlich produziert wurde, ist das Computer-Betriebssystem Linux, eine Open-Source-Software, die zahlreiche Entwickler in einem komplexen globalen arbeitsteiligen Organisationsprozess programmiert haben und die als leistungsfähige und vollwertige Alternative zu Microsofts Betriebssystemen gilt.

Die hier nur kursorisch genannten Aktivitäten in den verborgenen Stätten der Kooperation haben eines gemeinsam: Es sind keine Tätigkeiten von privatautonomen Produzenten, die für einen anonymen Markt produzieren, Profitmaximierung ist nicht das Ziel. Und: Sie werden kaum wahr- bzw. ernst genommen. Bezogen auf kooperative Organisationsweisen schreiben die Commons-Forscher David Bollier und Silke Helfrich: »Natürlich verschwinden ›nicht-kapitalistische‹ Verhaltensweisen – teilen, kooperieren, Mitverantwortung übernehmen, Solidarität praktizieren, Dinge gemeinsam nutzen – auch im Kapitalismus nicht. Doch sie können – unter den Bedingungen unserer Marktgesellschaft – kaum aus sich heraus die Kraft entfalten, die ihnen innewohnt. So wundert es nicht, wenn solches Verhalten oft herablassend als idealistisch, vertrauensselig und irgendwie weltfremd abgetan wird. Sofern es sich nicht in den Dienst der Eigentums- und Kapitalinteressen stellen lässt (ohne Kooperation geht auch in marktorientierten Unternehmen nichts), führen sie ein Schattendasein am Rande dessen, was gemeinhin als ›Wirtschaft‹ bezeichnet wird. Die Commons-Idee ist auf den Kampfplätzen der Gegenwart, wo das Geld standardmäßig durchregiert, fast in Vergessenheit geraten.«[21] Rückte man diese verborgenen Stätten der Kooperation mehr in den Blick, dann würde die Vorstellung, »der Markt« sei alternativlos, sowie die Erzählung des Privateigentums, wonach Menschen nur unter diesem Regime motiviert seien, als ein Denken überführt, das am meisten jenen nützt, die von der marktwirtschaftlich hervorgebrachten Ungleichheit profitieren.

Nun ist eine »große Wiederaneignung« nicht von heute auf morgen zu haben. Wir können nicht von unserer kapitalistischen Vergesellschaftung heraus- und in eine unmittelbar kooperative Vergesellschaftung hineinspringen, als wäre Letzteres bereits ein gemachtes Bett. Ein solches Bett gibt es nicht und es lässt sich auch nicht im Geiste hübsch beziehen. Eine postkapitalistische, unmittelbar kooperative Vergesellschaftung kann nur in Umrissen skizziert werden und nur als »Work in Progress« entstehen. Ebenso wie wir dazu neigen, moderne Praktiken und Bewusstseinsformen in die Geschichte zu projizieren (»Eigentum gab es schon immer«, »Geld gab es schon immer« etc.), ebenso gibt es die Tendenz, historisch-spezifische Erscheinungen in alternative Zukunftsentwürfe zu projizieren.[22] Das Ausmalen solcher alternativer Gesellschaftsmodelle ist deshalb nicht unmöglich oder sinnlos, aber es wird »fleischlos« und künstlich, wenn es sich dieser Grenzen nicht gewahr ist. Es sollte daher stets eng im Austausch mit einer genauen Analyse des *Bestehenden* bleiben sowie in Auseinandersetzung mit sozialen Kämpfen oder/und alternativen Praktiken im Hier und Jetzt. Die Suche nach Alternativen kann nur kollektiv geschehen. Offenheit für Kritik, Selbstreflexion und ständige Korrekturschleifen sind dabei unabdingbar. Ein abgeschlossener, gegen Einwände immuner Gesellschaftsent-

21 David Bollier/Silke Helfrich: Frei, fair und lebendig. Die Macht der Commons, Bielefeld 2019, S. 224.

22 Vgl. ausführlicher zu dieser Kritik Heide Lutosch: Wenn das Baby schreit, dann möchte man doch hingehen, in: Communaut.org vom 30.4.2022.

wurf, der von einigen wenigen gegen viele durchgesetzt wird, ist repressiv. Aber auch soziale Kämpfe oder alternative Praktiken, die sich ihrer Beschränktheit, die ihr die kapitalistische Vergesellschaftung auferlegt, nicht bewusst sind, bleiben in ihr gefangen.

Das sind die Koordinaten zur Diskussion der Frage, ob eine Vergesellschaftung von Produktionsmitteln Potenzial haben könnte, Gesellschaft in einem emanzipatorischen Sinne zu verändern. Ein Gedanke, der historisch schon einmal auf der Tagesordnung stand.

7 — Vergesellschaftung 2.0?

Kernforderung der Arbeiterbewegung

Mit Vergesellschaftung oder Sozialisierung der Produktionsmittel strebte man in der frühen Sozialdemokratie bzw. in der Arbeiterbewegung von Mitte des 19. Jahrhunderts bis zur Novemberrevolution mehrheitlich eine andere Gesellschaftsordnung an: den Sozialismus. Man versprach sich davon vor allem eine Verbesserung der Arbeits- und Lebensbedingungen der Arbeiterklasse. Das Deutsche Textarchiv (DTA) registriert für die Jahre 1918/19 beim Wort »Sozialisierung« einen massiven Ausschlag nach oben. »Dieses Wort – Vergesellschaftung, oder, genauer gesagt, Sozialisierung – verbreitete sich wie ein Lauffeuer in der Bevölkerung.«[1] Vergesellschaftung der Produktionsmittel war *die* Forderung der Arbeiterbewegung. Nicht nur politische Demokratie stand auf der Tagesordnung der damaligen Kämpfe, ebenso zentral war die Forderung nach wirtschaftlicher Demokratie. Der Höhepunkt der Vergesellschaftungsdebatte liegt damit knapp über 100 Jahre zurück.

Wie genau Sozialismus aussehen würde oder sollte, darüber herrschte allerdings keine Einigkeit. Erwin Weissel, der in einem Standardwerk die Sozialisierungsdebatte Österreichs im Vergleich mit Deutschland analysierte, hat erst gar nicht versucht, die historisch debattierten »Sozialismen« zu zählen, denn »ihre Zahl ist Legion«.[2] Das Gleiche gilt für den Weg hin zu einer sozialistischen Wirtschaft. »Und so wie, nach einem Wort Fouriers, das Elend im Kapitalismus aus seinem Überfluss resultiert, so resultierte das Elend der Sozialisierung an dem Überfluss an Sozialisierungsplänen – man hatte kein Kon-

1 Jacob Blumenfeld: Was war Sozialisierung?, in: Niklas Angebauer/Jacob Blumenfeld/Tilo Wesche (Hrsg.): Umkämpftes Eigentum, Frankfurt a. M. 2025.

2 Erwin Weissel: Die Ohnmacht des Sieges. Arbeiterschaft und Sozialisierung nach dem ersten Weltkrieg, Wien 1976, S. 24.

zept, weil man zu viele Konzepte hatte.«[3] Diese Feststellung ist keinesfalls der Retrospektive des Autors geschuldet, sondern wurde auch schon von zeitgenössischen Autoren geteilt. Felix Weil, Nationalökonom sowie Mäzen und Mitgründer des Instituts für Sozialforschung in Frankfurt am Main, beklagte dies in seiner Dissertation über Sozialisierung: »Die wissenschaftliche Diskussion über Sozialisierung leidet darunter, dass man über ein Wort diskutiert, ohne sich so recht darüber klar zu sein, dass dieses Wort die verschiedensten Bedeutungen hat.« Sozialisierung sei zwar Kern der innenpolitischen Kämpfe, aber die Verwirrung über die richtige Auslegung des Wortes sei grenzenlos.[4]

In der Literatur werden mehrere Gründe für das Fehlen einer einheitlichen Konzeption von Sozialismus sowie von Vergesellschaftung als Maßnahme zur »Aufhebung des Privateigentums« genannt. Vor allem seien in der Zeit des Erstarkens der Arbeiterbewegung interne theoretische Differenzen nicht erschöpfend ausgetragen worden. Im Vordergrund habe das Bemühen gestanden, die diffuse und von vielen Gegensätzen geprägte Bewegung zu einer einheitlichen, politischen Macht zu organisieren.[5] Daneben wird die politische Repression der Sozialistengesetze genannt, die die Debatten erstickt habe,[6] sowie das »Bilderverbot«. Gemeint ist damit der Umstand, dass viele führende Sozialdemokraten der Vorkriegszeit der Meinung waren, man könne Sozialismus nicht theoretisch vorwegnehmen.[7] Und schließlich gingen Teile der sozialdemo-

3 Ebd., S. 118 f.

4 Felix Weil: Sozialisierung. Versuch einer begrifflichen Grundierung nebst einer Kritik der Sozialisierungspläne, in: Praktischer Sozialismus. Eine Schriftenreihe hrsg. von Karl Korsch, Nr. 7, Jena 1921, S. 7.

5 »Leerformeln sind Friedensformeln«, argumentierte Klaus Novy. So sei es angesichts der innerparteilich strittigen Fragen ganz angemessen gewesen, das Konzept Sozialismus so offen zu halten; vgl. Klaus Novy: Strategien der Sozialisierung. Die Diskussion der Wirtschaftsreform in der Weimarer Republik, Frankfurt a. M. 1978, S. 17.

6 Ab 1878 galt zwölf Jahre lang das Gesetz »wider die gemeingefährlichen Bestrebungen der Sozialdemokratie« (»Sozialistengesetz«). In dieser Zeit wurden Arbeiterorganisationen und Druckschriften verboten, Tausende Menschen wurden inhaftiert oder vertrieben.

7 So auch Rosa Luxemburg: »Wir wissen so ungefähr, was wir zuallererst zu beseitigen haben, um der sozialistischen Wirtschaft die Bahn freizumachen, welcher Art hingegen die tausend konkreten, praktischen großen und kleinen Maßnahmen sind, die auf jedem Schritt zu ergreifen sind, um die sozialistischen Grundsätze

kratischen Bewegung nach dem Ersten Weltkrieg noch davon aus, dass Sozialismus sich von allein, aus der Bewegungsdynamik der kapitalistischen Produktionsweise heraus, entwickeln würde.

Felix Weil unterschied in der Sozialisierungsdebatte entsprechend eine passive und eine aktive Auffassung. Das passive Verständnis von Sozialisation ging davon aus, Sozialismus werde sich durch die zunehmende Arbeitsteilung und Konzentration der Produktionsmittel wie von selbst aus dem Kapitalismus heraus ergeben. Immer mehr Arbeiterinnen und Arbeiter würden dadurch miteinander in riesigen Unternehmen bereits kooperieren, ihre Arbeit in diesem Sinne »vergesellschaftet« werden.[8] Es war Weil zufolge schließlich die Kriegswirtschaft, die demonstrierte, was alles an übergeordneter Wirtschaftsplanung machbar war, sowie der Einfluss der Russischen Revolution und des Bolschewismus, der die passive Auffassung von Sozialisierung schließlich zugunsten einer »aktiven Auffassung« verblassen ließ: »Hier schien ja durch die Praxis die Theorie vom Hineinwachsen über den Haufen geworfen zu sein, schien bewiesen zu sein, dass man die Sozialisierung ›machen‹ kann, dass der Sozialismus nicht ›wächst‹, sondern ›organisiert‹ werden muss.«[9]

Der kleinste allgemeine Nenner dessen, was unter Sozialisierung oder Vergesellschaftung verstanden wurde, war der Weg hin zu einem Wirtschaftssystem »mit einem hohen Grad

in die Wirtschaft, in das Recht, in alle gesellschaftlichen Beziehungen einzuführen, darüber gibt kein sozialistisches Parteiprogramm und kein sozialistisches Lehrbuch Aufschluss. [...] Das Negative, den Abbau, kann man dekretieren, den Aufbau, das Positive, nicht. Neuland. Tausend Probleme. Nur Erfahrung [ist] imstande, zu korrigieren und neue Wege zu eröffnen. Nur ungehemmtes, schäumendes Leben verfällt auf tausend neue Formen, Improvisationen, erhält schöpferische Kraft, korrigiert selbst alle Fehlgriffe.« (Rosa Luxemburg: Zur russischen Revolution, in: Rosa Luxemburg: Gesammelte Werke, Bd. 4, Berlin 1970, S. 360)

8 Weil: Sozialisierung, S. 19. – Weil bezog sich dabei auf folgendes Zitat von Marx: »Die Zentralisation der Produktionsmittel und die Vergesellschaftung der Arbeit erreichen einen Punkt, wo sie unverträglich werden mit ihrer kapitalistischen Hülle. Sie wird gesprengt. Die Stunde des kapitalistischen Privateigentums schlägt.« (Marx: Kapital I, MEW, Bd. 23, S. 728) Diese Textstelle hat allerdings eher deklamatorischen denn analytischen Charakter; vgl. Michael Heinrich: Geschichtsphilosophie bei Marx, in: Beiträge zur Marx-Engels-Forschung. Neue Folge. Berlin 1996, S. 62–72.

9 Weil: Sozialisierung, S. 30.

an gesellschaftlicher Verfügungsmacht über und Teilhabe an wirtschaftlichen Ressourcen sowie ihrer Verwaltung und Kontrolle«.[10] Das ist hinreichend abstrakt formuliert für die unterschiedlichen konkreten Ausbildungen der Debatte. Der Philosoph Jacob Blumenfeld hat auf Basis einer breiten Literaturschau eine Systematisierung der Sozialisierungsdebatte der frühen Weimarer Zeit vorgelegt. Er ordnet sie entlang von vier Elementen: 1) Formen der Sozialisierung, 2) Subjekte und 3) Objekte der Sozialisierung sowie 4) die jeweiligen Ziele. Blumenfeld identifiziert so mehrere Varianten von Sozialisierung, darunter auch die Verstaatlichung. Allerdings seien die Mehrheit der Befürworter und die wichtigsten Vertreter der Sozialisierung seinerzeit gegen Verstaatlichung gewesen: »Das sei der bolschewistische Weg«, habe es geheißen. Daneben nennt Blumenfeld »Kommunalisierung» (Übertragung eines Unternehmens an eine kleine Verwaltungseinheit wie Landkreis oder Gemeinde), »Kooperativierung« oder »Syndikalisierung« (die private Verfügungsgewalt geht über auf Verbraucher oder auf die Produzenten) sowie »Planwirtschaft« oder »Vollsozialisierung«. Das sind Modelle, die nicht nur einzelne Unternehmen im Blick haben, sondern auf die Umwälzung der ganzen Wirtschaftsstruktur zielen, indem man sie unter die Leitung eines Wirtschaftsplans stellt. Aber auch hier variieren die verschiedenen Konzepte, beispielsweise bezogen auf die Steuerung (dezentral, zentral etc.).[11]

Der Sozialwissenschaftler und Aktivist Christopher Schmidt hat ebenfalls eine am aktuellen Forschungsstand orientierte Systematisierung der Debatte um Vergesellschaftung vorgelegt, allerdings nicht nur beschränkt auf die Weimarer Zeit, die Hochphase der Debatte, sondern in seiner fortdauernden Geschichte bis heute. Die Kriterien der Systematisierung verlaufen bei ihm entlang von Fragen der Eigentumsordnung (Verfügungsgewalt über Produktionsmittel entweder privat, gemeinschaftlich, öffentlich oder staatlich), der Sozialisie-

10 Christopher Schmidt: Vergesellschaftung, Sozialisierung, Gemeinwirtschaft. Transformationspfade in eine andere Gesellschaft, Münster 2023, S. 14.

11 Blumenfeld: Was war Sozialisierung?

rungsobjekte und -reife, der Steuerung der neuen Wirtschaftsordnung (zentral oder dezentral), der Ziele sowie der verschiedenen Wege dorthin (sozialrevolutionär, sozialreformistisch, Vergesellschaftung »von unten«).[12] Die Sozialisierungsvorstellungen unterschieden sich nicht nur in Weg, Ziel und Geschwindigkeit, sondern auch hinsichtlich der Frage, ob man erst einmal nur Teile der Wirtschaft oder alles auf einmal sozialisieren sollte.

Dieser Aspekt wurde auch unter dem Begriff Sozialisierungsreife diskutiert. Manche gingen davon aus, dass ein Unternehmen erst »reif« sein müsse, um sozialisiert werden zu können. Merkmal einer solchen »Reife« war zum Beispiel eine weitgehende Konzentration des Kapitals in großen Monopolunternehmen bzw. Schlüsselindustrien, die wichtige Grundstoffe erzeugen sowie einen einheitlichen Überblick und demgemäß eine einheitliche Verwaltung erleichtern. Weil war einer derjenigen, die Vorstellungen einer schrittweisen Vergesellschaftung strikt ablehnten: »Die Ausdrücke ›beschränkte Sozialisierung‹, ›Teilsozialisierung‹ und ›Vollsozialisierung‹ sind irreführend und unrichtig. Die Sozialisierung ist entweder ›Vollsozialisierung‹, [...] d. h., sie erstreckt sich auf die Gesamtwirtschaft, oder sie ist nicht Sozialisierung.«[13]

Die Forderung nach Sozialisierung war zentral auf dem Ersten Allgemeinen Kongress der Arbeiter- und Soldatenräte vom 16. bis 20. Dezember 1918, auf dem 489 Delegierte die Interessen der in der Revolution spontan gebildeten Arbeiterräte vertraten. Im Rahmen einer zusammenbrechenden gesellschaftlichen Ordnung füllten die wild und chaotisch entstandenen Räte eine Repräsentationslücke. »Es gab Räte, aber kein System«.[14] Nichtsdestotrotz waren sie aufgrund der Massenstreiks ein wichtiger Machtfaktor. Der Kongress beschloss, »mit der Sozialisierung aller hierzu

12 Vgl. Schmidt: Vergesellschaftung, S. 15–30.

13 Weil: Sozialisierung, S. 76.

14 Ralf Hoffrogge: Reich, Räte und Republik – die stenografischen Berichte des ersten Reichsrätekongresses 1918, in: Dieter Braeg/Ralf Hoffrogge (Hrsg.): Allgemeiner Kongress der Arbeiter- und Soldatenräte Deutschlands. 16.–20. Dezember 1918 Berlin – Stenografische Berichte, Berlin 2018, S. 11.

reifen Industrien, insbesondere des Bergbaus, unverzüglich zu beginnen«.[15] Dies wurde nach der Niederschlagung der Novemberrevolution zwar nicht umgesetzt, aber die Forderung nach Sozialisierung hielt mit Artikel 156 Einzug in die Weimarer Reichsverfassung. Dort hieß es: »Das Reich kann durch Gesetz, unbeschadet der Entschädigung, in sinngemäßer Anwendung der für Enteignung geltenden Bestimmungen, für die Vergesellschaftung geeignete private wirtschaftliche Unternehmungen in Gemeineigentum überführen. Es kann sich selbst, die Länder oder die Gemeinden an der Verwaltung wirtschaftlicher Unternehmungen und Verbände beteiligen oder sich daran in anderer Weise einen bestimmenden Einfluss sichern.«

Es war allerdings eine Kannbestimmung, keine Verpflichtung, zustande gekommen als ein Kompromiss zwischen bürgerlichen und sozialistischen Kräften. Dass es überhaupt zu einem parteiübergreifenden Konsens gekommen war, lag unter anderem daran, dass man die Arbeiter beschwichtigen wollte. Seitens der Gegner der Sozialisierung – Unternehmer ebenso wie bürgerliche Politiker– gab es die Erwartung, dass die Arbeiter dafür auf die Forderung nach Übernahme der Verfügungsgewalt über die Produktionsmittel verzichten würden. Diese Strategie ging auf. Als einer der Schlüsselmomente in dieser Hinsicht wird in der Literatur zur Geschichte der Sozialisierung das Stinnes-Legien-Abkommen vom 15. November 1918 bezeichnet,[16] das die Unternehmervertreter aus Angst vor der Sozialisierung ihrer Fabriken kurz nach der Novemberrevolution unterzeichnet haben. In diesem Abkommen wurden die Einführung des Achtstundentags, das Recht der Soldaten, an ihren Arbeitsplatz zurückkehren zu dürfen, sowie die Anerkennung von Arbeiterausschüssen, die späteren Betriebsräte, festgeschrieben. Für die Gewerkschaften war dies ein Meilenstein in ihrem Bestreben, als legitime Interessenvertreter der Arbeiterschaft anerkannt zu werden. Nachdem der

15 Ebd., S. 497.

16 Das Abkommen wurde nach den Protagonisten benannt, dem Montanindustriellen Hugo Stinnes und dem Gewerkschaftsführer Carl Legien.

Staat dies bereits im Rahmen des Hilfsdienstgesetzes Ende 1916 getan hatte,[17] waren sie von nun an auch als Tarifpartner von der Kapitalseite akzeptiert. Der Preis dafür war ihre generelle Akzeptanz der herrschenden Eigentumsverhältnisse: »In der Konsequenz hieß das, dass künftig jeder Vorstoß zu einer Sozialisierung auch auf den Widerstand der Gewerkschaftsführungen stoßen würde.«[18]

Der Grund, warum es relativ leicht war, die Arbeiterbewegung zu kooptieren, lag in der Lohnabhängigkeit ihrer Mitglieder. Der Verkauf der Arbeitskraft war alternativlos. Insofern konzentrierte man sich darauf, die Bedingungen des Verkaufs zu verbessern. Das zeigte sich auch daran, dass Sozialisierung als Chance begriffen wurde, selbst über die Löhne bestimmen zu können, um sie sich zu erhöhen, sobald die Arbeitenden die Macht über ihren Betrieb ausüben können. Dies war einer der vielen umstrittenen Punkte auf dem Ersten Arbeiter- und Soldatenkongress, wo Delegierte beklagten, in manchen Unternehmen hätten die Arbeiter mehr Lohn gefordert, als das Unternehmen überhaupt an Ertrag habe. Die »ganze große glorreiche Revolution« würde so zu einer »bloßen Lohnbewegung« degradiert.[19]

Dieser Punkt verweist auf ein vorherrschendes Muster in der Debatte um Sozialisierung. Die sozialen Formen der spezifisch kapitalistischen Vergesellschaftung wurden wie selbstverständlich »mitgenommen« in einen gedanklich antizipierten Sozialismus bzw. in den Prozess der Sozialisierung. Das betraf auch die Lohnform und die Kategorie des Mehrwerts. So betrachteten einige führende Sozialdemokraten Sozialisierung auch deshalb skeptisch, weil sie dachten, die

17 Das Hilfsdienstgesetz wurde am 2. Dezember 1916 erlassen. Es verpflichtete Männer zur Arbeit, die nicht eingezogen worden waren und zwischen 17 und 60 Jahre alt waren. Die Männer durften nicht mehr frei wählen, wo sie arbeiten wollen und nur noch mit Genehmigung ihren Arbeitsplatz wechseln. Im Gegenzug wurden Arbeiter- und Angestelltenausschüsse nicht nur erlaubt, sondern ab einer bestimmten Betriebsgröße auch vorgeschrieben. Gewerkschaften wurden damit erstmals als rechtmäßige Arbeitnehmervertreter anerkannt.

18 Martin Lars Brückner: Sozialisierung in Deutschland. Verfassungsgeschichtliche Entwicklung und ihre Hintergründe, München 2013, S. 27.

19 Braeg/Hoffrogge: Allgemeiner Kongreß, S. 326.

Arbeiterschaft könnte enttäuscht sein von dem, was nach der Sozialisierung an »Mehrwert«, der bislang an die Kapitalisten gefallen war, unter ihnen verteilt werden könnte. Man nannte astronomische Summen, um sie dann im Verlauf der Sozialisierungsdebatte beschwichtigend wieder runterzurechnen.[20] Auch die Sorge, man könne mit der kapitalistischen Weltmarktkonkurrenz nicht mithalten, wenn man Unternehmen sozialisieren würde, zeigt, dass man wie selbstverständlich davon ausging, nach wie vor in den gleichen Verkehrsformen zu konkurrieren.[21] Die Auseinandersetzung um die Frage, wann man am besten die Banken sozialisieren sollte, um über die Kreditvergabe, bestimmen zu können, zeugt ebenfalls von diesem Muster.[22] Und schließlich hieß es in den Debatten um Sozialisierung häufig beschwichtigend, man wolle trotz Sozialisierung die private, unternehmerische Initiative auf jeden Fall erhalten.

Die Anreizfunktion des Privateigentums, die Kategorien Lohn, Mehrwert, Kapital, Geld, Kredit, das heißt, soziale Formbestimmungen, die aus einer kapitalistischen Vergesellschaftung resultieren und sie konstituieren – all dies wurde auch für eine sozialistische Wirtschaft als selbstverständlich erachtet. Das gilt auch noch für Geld, das als allgemeines Äquivalent doch *die* soziale Form ist, in der im Kapitalismus der Ausschluss vom gesellschaftlich produzierten Reichtum durchgesetzt wird und damit aber doch gerade das *Privat*eigentum an Produktionsmitteln, was ja überwunden werden sollte. Dieser

20 Weissel: Ohnmacht des Sieges, S. 124.

21 Braeg/Hoffrogge: Allgemeiner Kongreß, S. 483. Es ist zwar richtig, dass eine Umwälzung der kapitalistischen Verhältnisse in einem umfassenden Sinne an den Weltmarktbeziehungen seine Grenze finden würde. Aber die Gründe dafür liegen nicht darin, dass man nicht in Lohnhöhe und Preisen konkurrieren könnte, sondern dass die Vergleichsmaßstäbe sich ändern und damit kapitalistischer Wettbewerb unmöglich werden würde. Je größer die Abhängigkeiten von Importen oder noch existierenden Auslandsschulden, desto schwieriger wäre daher eine Sozialisierung im nationalen Alleingang.

22 Kredit ist eine im Kapitalismus spezifische Form der Steuerung von Investitionen. Kredit wird gewinnorientiert vergeben, weshalb die geliehene Kapitalsumme sich vermehren muss, um den Zins bezahlen zu können. Es gab in den historischen Debatten vereinzelt auch die Vorstellung, man müsse die Banken sozialisieren, um dann den Zins zu verbieten; vgl. Rudolf F. Kuda/Dieter Schneider: Mitbestimmung. Weg zur industriellen Demokratie?, München 1969, S. 101.

Widerspruch wurde nicht als solcher wahrgenommen bzw. sollte durch Lohnerhöhungen gelöst werden.[23]

Es ist, als habe man den Kapitalismus, wie er ist, übernehmen wollen, nur dass das Privateigentum an Produktionsmitteln nicht mehr in den Händen der Kapitalisten liegen sollte, sondern in denen der Arbeiter. Auf Basis einer solchen Naturalisierung spezifisch historischer Kategorien bzw. sozialer Formbestimmungen wäre »Vollsozialisierung« zu einer Art Produzentenkapitalismus[24] geworden oder aber zu einem Hybrid aus sozialistischer Planwirtschaft und kapitalistischer Marktwirtschaft.[25]

Obwohl die Arbeiterbewegung sich längst schon als Partei organisiert hatte, wurden ihre Interessen erst jetzt ernst genommen und in der Arena der parlamentarischen Demokratie verhandelt. Damit wurde die Frage der Sozialisierung oder Vergesellschaftung der Produktionsmittel zu einer Maßnahme, die seitens der jeweils herrschenden Regierung zu beschließen bzw. zu ermöglichen wäre. Hinzu kam, dass das vage gehaltene Verständnis von Sozialisierung zwar noch die Idee von der Verfügungsmacht der Arbeiter über die Produktionsmittel enthalten konnte, aber zunehmend verdrängt wurde zugunsten nur noch punktueller Eingriffsmöglichkeiten des Staates in die private Wirtschaftsordnung. Letzteres firmierte dann unter Gemeinwirtschaft.

23 Das erklärt auch, warum manche Unternehmer den Arbeitern ihren Betrieb dem Vernehmen nach in den Wirren der Novemberrevolution einfach übergeben wollten. Bei manchen geforderten Lohnhöhen war an Kostendeckung, geschweige denn Gewinn, nicht mehr zu denken.

24 Karl Korsch kritisierte einen solchen »Produzentenkapitalismus«, glaubte aber, man könne dieser Art des »Sondereigentums« entgehen, indem nicht mehr für den Markt, sondern für den Bedarf der Gesellschaft produziert werden würde; vgl. Karl Korsch: Was ist Sozialisierung?, in: Praktischer Sozialismus. Eine Schriftenreihe hrsg. von Karl Korsch, Nr. 7, Jena 1921, S. 27.

25 Der real existierende Sozialismus wollte die Profitmaximierung als Zweck der gesellschaftlichen Produktion aufgeben, hielt aber am Äquivalententausch fest und damit (wenn auch eingeschränkt) an den sozialen Formen Geld, Lohn, Preis etc. Das Ergebnis war eine Mischung aus Staatssozialismus und ineffizienter Marktwirtschaft (mit dem Eindämmen der Profitmaximierung unter Beibehaltung der Formen hatte man gerade die spezifisch kapitalistische Effizienz eliminiert); zu den Debatten darüber in der DDR vgl. Heinrich Harbach: Wirtschaft ohne Markt. Transformationsbedingungen für ein neues System der gesellschaftlichen Arbeit, Berlin 2001.

So standen die Regierenden beispielsweise nach dem Ersten Weltkrieg unter dem Druck der Preispolitik der Kohlen- und Eisenkonzerne. Grundstoffe wie Kohlen und Eisen waren kriegsbedingt knapp und die monopolistischen Konzerne nutzten dies aus, indem sie die Preise erhöhten. Das hatte zur Folge, dass die nachgelagerte Industrie diese Preise nicht mehr bezahlen konnte oder wollte. In der Hoffnung, mehr Kontrolle ausüben zu können, wurde dann auf ebensolche Gemeinwirtschaftskonzepte zurückgegriffen, die man allerdings tunlichst von Sozialisierung unterschied. Der SPD-Abgeordnete Hugo Sinzheimer, der den Autoren des späteren Grundgesetzes die Vorlage für die Formulierungen des Artikels 14 (Eigentumsgarantie) lieferte, sagte beispielsweise in der 35. Sitzung des verfassunggebenden Ausschusses der Nationalversammlung: »Wir kennen zwei Systeme einer organisierten Zusammenfassung aller wirtschaftlichen Kräfte. Das eine ist das sozialistische System, das andere das gemeinwirtschaftliche. Sozialismus und Gemeinwirtschaft sind zwei qualitativ verschiedene Begriffe. Der Sozialismus ist die Verneinung des Privateigentums an den Produktionsmitteln, die Gemeinwirtschaft ist die Bejahung. Die Gemeinwirtschaft hält an sich das Privateigentum an Produktionsmitteln, den Privatbetrieben, aufrecht. Sie fasst sie nur organisatorisch zusammen und nimmt sie unter Kontrolle nach sozialen Gesichtspunkten«.[26]

Der Verfassungsrechtler Martin Lars Brückner meint, dass die Sozialdemokratie nach 1919 eine grundsätzliche Umgestaltung der Wirtschaftsordnung nie ernsthaft gewollt habe: »Es bleibt festzuhalten, dass trotz des sozialistisch geprägten ideologischen Hintergrundes der SPD als Arbeiterpartei eine Vollsozialisierung der Wirtschaft sowohl in der Weimarer Republik als auch in Westdeutschland nach dem Zweiten Weltkrieg im Gegensatz zu der sowjetisch besetzten Zone niemals zur Debatte stand.«[27] Stets habe die SPD eine mittelständisch geprägte Wirtschaft unter Beibehaltung des Privateigen-

26 Hugo Sinzheimer: Berichterstattung. Verfassungsgebende deutsche Nationalversammlung, 35. Sitzung des Verfassungsausschusses, 2. Juni 1919, S. 395.

27 Brückner: Sozialisierung in Deutschland, S. 218.

tums favorisiert, mit Ausnahme von Schlüsselindustrien, für die sie eine Vergesellschaftung angestrebt habe. Die Motive dafür hätten sich eher aus antimonopolistischen Haltungen gespeist und damit dem Schutz der Privatwirtschaft gedient. Weissel glaubt, dass »eine ganze Reihe führender Sozialdemokraten mit nicht unbeträchtlichem Einfluss auf Politik und öffentliche Meinung« dem »Sozialisierungsgedanken skeptisch, wenn nicht sogar ablehnend« gegenübergestanden habe.[28]

Nach dem Zweiten Weltkrieg erhielt die Möglichkeit, Unternehmen in Gemeineigentum zu überführen bzw. Produktionsmittel, Grund und Boden sowie Naturschätze zu vergesellschaften, mit Artikel 15 erneut Verfassungsrang. Die Diskussionen im Parlamentarischen Rat, der das Grundgesetz erarbeitete, drehten sich dabei gar nicht so sehr darum, ob ein Sozialisierungsartikel Eingang in das Grundgesetz finden sollte oder nicht,[29] sondern um spezifische Formulierungen. Der Marburger Staatsrechtler Wolfgang Abendroth verteidigte seinerzeit die Vorstellung, dass der Bundesstaat ein »sozialer« Bundesstaat sein müsse (Sozialstaatsprinzip). Zu dem, was »sozial« umfassen sollte, zählte er auch die demokratischen Möglichkeiten der Sozialisierung.[30]

Wie der Sozialisierungsartikel in der Weimarer Reichsverfassung war auch Artikel 15 keine Verpflichtung, sondern nur eine Ermessensfrage. Für die damalige Sozialdemokratie war er aber immerhin die Chance, perspektivisch eine sozialistische Wirtschaftsordnung oder das, was man darunter verstand, zu etablieren, und zwar auf dem Boden der Verfassung. So wurde die Verfassung als bewusst offen interpretiert.

28 Weissel: Ohnmacht des Sieges, S. 119.

29 Allein die Deutsche Partei (DP) wollte Artikel 15 streichen, was im Hauptausschuss des Parlamentarischen Rats mit 13 gegen drei Stimmen abgelehnt wurde. Die FDP stellte den Antrag, dass Artikel 15 nur für den Bund gelten solle. Dieser Antrag wurde mit neun gegen acht Stimmen ebenfalls abgelehnt. Vgl. Grundgesetz. Parlamentarischer Rat. Hauptausschuss 4. Lesung, 5. Mai 1949, in: Grundgesetz für die Bundesrepublik Deutschland – Artikel 15, Deutscher Bundestag, 1949, Bd. 1, Dokumentation Parlamentsarchiv, Bonn 1949, S. 132.

30 Vgl. dazu Maximilian Pichl: Verfassungspositionen verteidigen. Gedanken zur Debatte um die Vergesellschaftung von Wohneigentum, in: Verfassungsblog, 15.4.2019.

Dem Historiker Werner Abelshauser zufolge geschah das nicht zuletzt, damit jede Partei hoffen konnte, am Ende in der politischen Praxis, im Parlament, ihre jeweiligen Präferenzen durchsetzen zu können.[31] Das Bundesverfassungsgericht bestätigte in einem Urteil zum Investitionshilfegesetz von 1954, »zum ersten, nicht zum letzten Mal«,[32] dass ein bestimmtes Wirtschaftssystem durch das Grundgesetz nicht gewährleistet sei. Ob das Grundgesetz gegenüber einer spezifischen Wirtschaftsform offen ist oder am Ende doch eine kapitalistische Marktwirtschaft festschreibt, ist bis heute umstritten. Man findet dazu in der verfassungsrechtlichen Literatur gegenteilige Auslegungen.[33]

Artikel 15 GG blieb wie alle historischen Sozialisierungsforderungen und -festlegungen folgenlos[34] und gelangte nie zur Anwendung.[35] Es war das Wohlstandsversprechen der sozialen Marktwirtschaft, das die Idee von Vergesellschaftung nach dem Zweiten Weltkrieg schließlich sukzessive aus der öffentlichen Debatte verdrängte. Vergesellschaftung kam fortan nur noch gelegentlich in Programmen und Proklamationen linker Parteien und Gewerkschaften vor. So hieß es im März 1975 auf dem Bundeskongress der Jungsozialisten in Wiesbaden, eine demokratische Wirtschaftsordnung bedeute, strukturbe-

31 Zumal das Grundgesetz in jener Zeit mit Blick auf die Sowjetische Besatzungszone noch den Charakter der Vorläufigkeit trug.

32 Werner Abelshauser: Deutsche Wirtschaftsgeschichte seit 1945, Bonn 2005, S. 186 f.

33 Im April 2019 votierte die FDP anlässlich des 70. Geburtstags des Grundgesetzes auf ihrem Bundesparteitag dafür, Artikel 15 ersatzlos aus der Verfassung zu streichen. Die soziale Marktwirtschaft habe sich in Deutschland eindeutig durchgesetzt: »Die Geschichte hat die Frage nach der Wirtschaftsverfassung also beantwortet. Art. 15 ist heute nur noch ›vertrocknetes Recht‹, wie der ehemalige Verfassungsrichter Udo Di Fabio sagt.« (»Artikel 15 ist ein Verfassungsfossil«. Interview von Christian Rath mit Marco Buschmann (FDP), in: Legal Tribune Online, 9.5.2019) Demgegenüber argumentiert der Rechtswissenschaftler Andreas Fisahn, das Grundgesetz sei wirtschaftspolitisch neutral und gebiete zwar einen Sozialstaat, aber »keineswegs die Marktwirtschaft.« (Andreas Fisahn: Kräfteverhältnisse und Klassenkompromiss. Was das Grundgesetz zu Eigentum, Enteignung und Verfügungsgewalt über Produktionsmittel sagt, in: OXI 7/2019, S. 10)

34 Auch die beiden Sozialisierungskommissionen, die zwischen 1918 und 1923 tagten (mit so berühmten Namen wie Schumpeter, Hilferding, Kautsky u. a.), blieben folgenlos, was ernsthafte Bemühungen zur Sozialisierung betraf. Sie hatten lediglich eine stärkere Beteiligung der Arbeiter in den Betrieben zur Folge.

35 Sozialisierung wurde auch in mehreren Landesverfassungen festgeschrieben, kam aber auch dort nicht zur Anwendung.

stimmende Bereiche zu vergesellschaften. Im Dezember 1987 forderte der IG-Metall-Vorsitzende Franz Steinkühler vor dem Hintergrund drohender Stilllegungen die Vergesellschaftung der Stahlindustrie. Auch die Grünen plädierten seinerzeit für Vergesellschaftung, nicht nur in der Stahlbranche, auch Atomanlagen wollte man mit Artikel 15 sozialisieren, um sie dann stillzulegen.[36] Eine breite Debatte gab es seither nie wieder.

Forderungen nach Vergesellschaftung hatten es auch deshalb schwer, weil der real existierende Sozialismus in Ostdeutschland und der Sowjetunion für sich beanspruchte, die Produktionsmittel bereits vergesellschaftet zu haben. Planwirtschaft lautete die entsprechende Wirtschaftsform. Die Parteiführung ordnete die gesamte Wirtschaftsweise vor allem zwei Zielen unter: die eigene Herrschaft sichern und in der Systemkonkurrenz mit dem kapitalistischen Westen gewinnen. Mangelwirtschaft und politische Unfreiheit waren Kennzeichen jener Planwirtschaften und diskreditierten die Vergesellschaftungsforderungen im Westen.

Diskussionen, wie eine demokratische, sozialistische Gesellschaft aussehen könnte, gab es in der DDR durchaus. Sie hatten allerdings in dem von Repression gekennzeichneten politischen Umfeld keine Chance, wirkmächtig zu werden und zu entsprechenden Reformen zu führen.[37] Wenig bekannt ist auch der Verfassungsentwurf des Runden Tischs in der DDR. Noch vor der deutschen Wiedervereinigung trafen sich regelmäßig Vertreter von 14 politischen Parteien und Bewegungen, moderiert von der Kirche, und erarbeiteten einen Entwurf für

36 Ralf Hoffrogge: Gemeineigentum als Krisenlösung. Die IG Metall und die Bewegung zur Vergesellschaftung der Stahlindustrie 1980–1987, in: Zeitschrift für Geschichtswissenschaft 9/2023, S. 738–759.

37 Der Ökonom Fritz Behrens wäre hier als Beispiel zu nennen. Er machte darauf aufmerksam, dass zwischen Verstaatlichung und Vergesellschaftung ein gewichtiger Unterschied besteht, und ging scharf damit ins Gericht, dass das Eigentum an Produktionsmitteln in der DDR in den Händen des Staates lag, nicht aber in denen derer, die wirklich damit arbeiteten; vgl. Fritz Behrens: Kurze Bemerkungen zum Prager Frühling, in: Wladislaw Hedeler/Mario Keßler (Hrsg.): Reformen und Reformer im Kommunismus. Für Theodor Bergmann. Eine Würdigung, Hamburg 2015, S. 53 ff. Wegen seiner dezidierten Kritik wurde Behrens als »Revisionist« bezeichnet und seine berufliche Laufbahn immer wieder behindert; vgl. Thomas Kuczynski: Fritz Behrens und seine rätekommunistische Kritik sozialistischer Reform, in: ebd., S. 36.

eine neue DDR-Verfassung, den sie im April 1990 veröffentlichten. Auch Sozialisierung wurde dort im Artikel 31 geregelt: »Boden und Wirtschaftsunternehmen können zum Zwecke der Vergesellschaftung durch ein Gesetz, das Art und Ausmaß der Entschädigung regelt, in selbständige Unternehmen der Gemeinwirtschaft überführt werden.«[38] Interessant dabei ist, dass explizit von »Wirtschaftsunternehmen« gesprochen wurde, die in »selbständige Unternehmen der Gemeinwirtschaft« überführt werden könnten. Damit wurde Verstaatlichung ausgeschlossen. Dieser Verfassungsentwurf ist mit der deutschen Einheit obsolet geworden.

Dem Siegeszug der neoliberalen Ideologie spielte die kollektive Wiedervereinigungseuphorie und das damit einhergehende Desinteresse für die linksoppositionelle Bewegung der DDR[39] in die Hände. Die Privatisierungsoffensiven, mit denen die Regierungen seit den 1980er-Jahren ganz Europa überzogen, hatten die Argumente auf ihrer Seite, vor allem jenes, dass eine auf Privateigentum und Marktwirtschaft beruhende Ordnung effizienter sei und Freiheit und Wohlstand für alle garantieren könne. Der internationale Wettbewerbsstaat und die freie Marktwirtschaft wurden weltweit zum alternativlosen Gesellschaftsmodell.

Sozialisierung oder Vergesellschaftung war in und kurz nach der Novemberrevolution die zentrale Forderung der Arbeiterbewegung gewesen. Übrig geblieben ist davon das, was heute Sozialpartnerschaft oder Mitbestimmung genannt wird. Lohnabhängige bzw. Lohnarbeitende haben das Recht, über ihre Ausbeutung mitsprechen zu dürfen, in stets umkämpften Grenzen. Das Machtverhältnis ist insofern nicht aufgehoben. Der Einsatz der Produktionsmittel dient weiter den privaten Interessen der Eigentümer, das eingesetzte Kapital unter Ausnutzung fremder Arbeit und der Ausbeutung von Natur zu vermehren. Um zu erklären, wie eine zentrale Forderung der Arbeiterbewegung zu diesem Ergebnis verkümmern konnte,

38 Brückner: Sozialisierung in Deutschland, S. 209.

39 Vgl. Gerd Dietrich: Kulturgeschichte der DDR, Bd. III: Kultur in der Konsumgesellschaft 1977–1990, Bonn 2019, S. 1695–1714.

bräuchte es eine umfassendere Untersuchung, als dies hier geleistet werden kann. Für unsere Zwecke genügen einige Schlaglichter auf ausgewählte Momente.

— Es ist kein Zufall, dass kurz nach beiden Weltkriegen die Forderung nach Sozialisierung oder Vergesellschaftung immerhin so wirkmächtig war, dass sie Eingang in eine Verfassung fand. Die zusammenbrechende politische Ordnung hinterließ ein Machtvakuum, Kapitalismus war fürs Erste diskreditiert. Dies öffnete für kurze Zeit ein Fenster für einen grundsätzlichen gesellschaftlichen Wandel. Mit Verbesserung der Arbeits- und Lebensbedingungen und einer Stabilisierung der gesellschaftlichen Verhältnisse ging das Interesse an Sozialisierung in der Bevölkerung wieder zurück. Die Alltagsbewältigung war naheliegender und dringlicher als ein Kampf um eine neue ökonomische Ordnung, bei der sowohl der Weg dorthin als auch der Ausgang völlig ungewiss war. Die breite gesellschaftliche Akzeptanz für Vergesellschaftung kann insofern als Reaktion auf eine massive Erschütterung des gesellschaftlichen Gesamtzusammenhangs, als eine *Krisenreaktion* gedeutet werden, die nur solange ihre Wirkung entfaltete, solange die Krise virulent war.

— Nach beiden Kriegen standen auch die jeweiligen Siegermächte den Sozialisierungsbestrebungen skeptisch bis ablehnend gegenüber und richteten dementsprechend ihre Politik aus.[40]

— Gewerkschaft und die Sozialdemokratische Partei entwickelten in dem Maße, wie sie sich seit Mitte des 19. Jahrhunderts als Vertretung der Arbeiterschaft etablieren konnten, zunehmend ein Interesse daran, von bürgerlichen Eliten, Parteien und Vertretern des Kapitals als Machtinstanz auf Augenhöhe anerkannt zu werden. Dafür wurden Kompromisse eingegangen, auch auf Kosten der Forderung nach Sozialisierung.

40 Vgl. Eberhard Schmidt: Die verhinderte Neuordnung 1945–1952. Zur Auseinandersetzung um die Demokratisierung der Wirtschaft in den westlichen Besatzungszonen und in der Bundesrepublik Deutschland, Frankfurt a. M. 1977.

— Der Aufbau der darniederliegenden Nachkriegswirtschaft wurde als vorrangig erachtet, und zwar unter den vorgefundenen und eingespielten kapitalistischen Bedingungen, nicht zuletzt wegen der Einbindung in den Weltmarkt, der Abhängigkeit von Import und Export für die nationale Wirtschaft.
— Die linken, kapitalismuskritischen Kräfte waren politisch gespalten und damit geschwächt.
— Es existierte keine gemeinsame Konzeption davon, was genau Sozialismus sein soll und wodurch er sich vom Kapitalismus unterscheidet. So oszillierten die Sozialisierungsvorstellungen zwischen Staatssozialismus und Gemeinwirtschaft, zwei Konzeptionen, die eine letztlich verschiedene, aber mehr oder weniger stark staatlich regulierte marktförmige Vergesellschaftung beschreiben.[41]

Prinzipiell lässt sich konstatieren, dass ein Zusammenbruch der gesellschaftlichen Ordnung ein Fenster für radikale Veränderungen öffnen kann. Wenn die oppositionellen Kräfte in solchen Augenblicken aber nicht wissen und sich nicht einig sind, was sie wollen, wohin es mit welchen Mitteln gehen soll, dann schließt sich dieses Fenster recht schnell wieder. Das gilt besonders in Krisensituationen, in denen sich die Menschen aufgrund des Leidensdrucks eine »Rückkehr zur Normalität« mehr wünschen als unklare Wege in eine ungewisse Zukunft.

Artikel 15: Renaissance der Eigentumskritik

Nun ist die aktuelle Vergesellschaftungsbewegung nicht identisch mit der historischen. Vergesellschaftung ist keine Forderung von Gewerkschaften oder Sozialdemokratie mehr. Und bezieht sich auch nicht mehr primär auf Schlüsselindustrien. Heute wird Vergesellschaftung vor allem für Wohnen und

41 Es gab Ausnahmen. Konzepte von Vergesellschaftung jenseits von Staats- oder Marktsozialismus diskutierten beispielsweise Otto Neurath, Karl Korsch und Felix Weil; vgl. zusammenfassend Heiner Koch: Vergesellschaftung als Entprivatisierung, in: Zeitschrift für politische Theorie 2/2024. Zu den Debatten bei den Rätekommunisten vgl. Felix Klopotek: Rätekommunismus, Stuttgart 2021; Alex Demirović: Rätedemokratie oder das Ende der Politik, in: Prokla. Zeitschrift für kritische Sozialwissenschaft 155, 2/2009, S. 181–206.

andere Bereiche der sozialen Infrastruktur bzw. der »Daseinsvorsorge« öffentlich debattiert. Ralf Hoffrogge spricht daher von einer »postindustriellen Vergesellschaftungsbewegung«.[42] Gegenüber der historischen Vergesellschaftungsdebatte ist es für die aktuelle Auseinandersetzung von Vorteil, dass die gesellschaftliche Ordnung sich nicht unmittelbar am Rande des Zusammenbruchs befindet. Das gibt Raum für langen Atem. Mit den historischen Erfahrungen im Rücken kann so strategisch und planvoll vorgegangen werden.

Auf der anderen Seite hat die gegenwärtige Bewegung für Vergesellschaftung mit dem zu kämpfen, was vier Jahrzehnte neoliberaler Kapitalismus mit den Menschen gemacht hat. Während der *feindliche Individualismus* entweder »die anderen« oder/und »die da oben« verantwortlich macht für eigene Abstiegsängste, steht die Ideologie des Privateigentums unerschütterlich. Kapitalismus ist längst nicht so diskreditiert, wie dies historisch der Fall war. Dazu kommt, dass in den letzten Jahrzehnten etliche lebensnotwendige Güter dem Zwang zur Kapitalvermehrung unterstellt wurden. Es geht daher nicht nur darum, die Leute von einer besseren Vergesellschaftungsform zu überzeugen, sondern auch darum, die privatisierten Güter zurückzuholen, und zwar – und auch das könnte eine Chance sein – nicht mehr in staatliche Verfügungsgewalt, die aufgrund ihrer widersprüchlichen Logik (dazu gleich mehr) jederzeit wieder privatisieren oder selbst privatnützig agieren könnte, sondern in gesellschaftliche oder öffentliche Hand, deren Handeln auf das Bedürfnis der Menschen nach einem guten Leben orientiert ist. Aller Menschen, wohlgemerkt.

Für eine solche Auseinandersetzung greifen idealerweise mehrere Ebenen ineinander, wie dies bei der Kampagne »Deutsche Wohnen & Co enteignen« (DWE) zu beobachten ist: a) Aktivismus auf dem Boden einer rechtlichen Auseinandersetzung (Diskursverschiebung), b) Konkretisieren von Vergesellschaftung anhand eines begrenzten Objekts (Schärfung der Konzeption), c) wissenschaftliche Begleitung der Kampagne

42 Hoffrogge: Gemeineigentum als Krisenlösung. S. 739.

und darüber hinaus (Übertragbarkeit im Hinblick auf Wege gesamtgesellschaftlicher Transformation).

Dabei wird es wesentlich darauf ankommen, dass und wie über Privateigentum gesprochen wird. Wir haben gesehen, wie das Versprechen des Privateigentums ideologisch vorbereitet und diskursiv verankert wurde (s.o., S. 21–42). Grundsätzliche Kritik an Privateigentum ist nach vier Jahrzehnten Neoliberalismus schwieriger geworden und wird im öffentlichen Diskurs schnell unter den Generalverdacht des Stalinismus gestellt. Im Gegensatz zur historischen Vergesellschaftungsdebatte ist es in den aktuellen Auseinandersetzungen daher darum zu tun, die Forderung überhaupt erst einmal wieder gesellschaftsfähig zu machen und im öffentlichen Diskurs zu verankern. Die Initiative »Deutsche Wohnen & Co enteignen« hat dazu maßgeblich beigetragen, indem sie sich mit ihrer politischen Forderung auf das Grundgesetz bezieht und dort nicht auf Artikel 14 Absatz 3 (Enteignung), sondern auf Artikel 15 (Vergesellschaftung). Mit ihrer erfolgreichen Kampagne hat sie nach langer Zeit wieder eine Diskussion über Vergesellschaftung losgetreten. »Die Initiative Deutsche Wohnen & Co Enteignen hatte einen juristischen Hebel gesucht, sie fand unvollendete Geschichte.«[43]

Die erwähnte Expertenkommission, die sich mit der Frage beschäftigte, ob die von der Mehrheit der Berliner Bevölkerung gewollte Vergesellschaftung des großen Wohneigentums umgesetzt werden kann, ist über jeden Verdacht erhaben, sozialistische oder gar stalinistische Positionen zu vertreten, sparte aber nicht an grundsätzlicher Kritik. In ihrem Bericht nimmt sie ausführlich Bezug auf die Verfassungsgeschichte: »Aus Perspektive der für Art. 15 S. 1 GG normhistorisch maßgeblichen Theorietradition begründet Privateigentum an Grund und Boden sowie an Produktionsmitteln die Macht ihrer Eigentümer jedenfalls über diejenigen, die (existentiell)

43 Hoffrogge: Nie wirklich weg, S. 33. Vgl. auch Joanna Kusiak: Vergesellschaftung: gesetzmäßig, günstig, gut. Initiativen wie »Deutsche Wohnen & Co enteignen« in Berlin stehen in bester demokratischer Rechtstradition, Standpunkte 12/2020, hrsg. von der Rosa-Luxemburg-Stiftung, Berlin 2020.

auf diese Güter angewiesen sind.« Privateigentum an Produktionsmitteln begründe eine persönliche Abhängigkeit, »was jedes Arbeitsverhältnis essentiell charakterisiere (vgl. § 611a Abs. 1 S. 1 BGB)«.[44]

Im Falle von Grund und Boden gebe die gesellschaftliche Notwendigkeit des Bodengebrauchs »den Eigentümern die Machtposition, die Bedingungen dieses Bodengebrauchs zu bestimmen«.[45] Das Privateigentum an Produktionsmitteln erlaube darüber hinaus, vermittels der Arbeitsleistung der Beschäftigten Gewinne zu realisieren, deren wesentlicher Anteil dem Eigentümer der Produktionsmittel zufließt, während die Beschäftigten lediglich das Entgelt erhalten, das für eine Arbeitsleistung der einschlägigen Art am Arbeitsmarkt eben verdient wird. Man spreche in diesem Zusammenhang von einer »privaten Aneignung« des durch die Arbeitsleistung realisierten Profits. Diese private Aneignung erscheine aus der Perspektive der Vergesellschaftung für sich genommen als problematisch und zudem als Grund tiefgreifender wirtschaftlicher und gesellschaftlicher Asymmetrien. Auch Eigentümer von Grund und Boden sowie von Naturschätzen würden Gewinne generieren, »und zwar aus dem zwingenden Bedarf des Bodengebrauchs durch Nichteigentümer und der schlichten Unvermehrbarkeit des Bodens«[46] heraus. Eine ursprüngliche private Aneignung des Bodens liefere bis in die Gegenwart und Zukunft die eigentliche Grundlage für den Zufluss der Bodenrenditen. »Sie erscheint aus dem Grund problematisch.«

Ein anderes Problem, so heißt es in dem Bericht weiter, bestehe darin, dass die Gewinne der Unternehmen privatnützig, also nach ihrem freien Belieben verwendet und ihre Generierung nach rein eigennützigen Interessen ausgerichtet

44 In dem Paragrafen, auf den die Kommission verweist, wird der Arbeitsvertrag eindeutig als Abhängigkeitsverhältnis beschrieben: »Durch den Arbeitsvertrag wird der Arbeitnehmer im Dienste eines anderen zur Leistung weisungsgebundener, fremdbestimmter Arbeit in persönlicher Abhängigkeit verpflichtet. Das Weisungsrecht kann Inhalt, Durchführung, Zeit und Ort der Tätigkeit betreffen. Weisungsgebunden ist, wer nicht im Wesentlichen frei seine Tätigkeit gestalten und seine Arbeitszeit bestimmen kann.«

45 Expertenkommission zum Volksentscheid, S. 41.

46 Ebd. S. 42. Dort auch die folgenden Zitate.

werden können. Das ermögliche Entscheidungen beispielsweise über Standorte, Produkte oder Produktionsbedingungen sowie Arten und Bedingungen der Bodennutzung: »Diese Entscheidungen, obgleich im Belieben der Unternehmen, betreffen nicht nur diese, sondern haben Auswirkungen gerade auch auf die Nichteigentümer, also Beschäftigte, Dritte und die Allgemeinheit.« Schließlich könne die rechtliche Befugnis zur privatnützigen Verwendung den Eigentümern auch besondere politische Macht verschaffen: »Das gilt nicht etwa nur für Monopolunternehmen, auch Unternehmen, die unter Wettbewerbsbedingungen erfolgreich sind, können jenseits von Wahlen erheblichen politischen Einfluss entfalten.« Diese in der Privatnützigkeit von Grund und Boden, Naturschätzen und Produktionsmitteln angelegte »normativen Spannungen« wolle Art. 15 GG adressieren, »indem die Norm die Möglichkeit eröffnet, diese Güter der Privatnützigkeit zu entziehen und in eine Form der Gemeinwirtschaft zu überführen.«

Mit diesem so beschriebenen Spannungsverhältnis geht die Expertenkommission mit ihrer verfassungsrechtlichen Einordnung des Artikels 15 weit über das Feld des Wohnens hinaus. Kritisiert wird hier ganz grundsätzlich die Freiheit des Privateigentums, das Machtungleichgewicht bezüglich Grund und Boden und die Abhängigkeiten in den Arbeitsverhältnissen. Diese Kritik lässt sich daher auf alle derzeit virulenten gesellschaftlichen Konfliktfelder ausdehnen, von der gewachsenen sozialen Ungleichheit bis zu den zunehmend spürbar werdenden Folgen des Klimawandels.

Selbstverständlich gibt es in der Literatur abweichende verfassungsrechtliche Auslegungen des Artikels 15, und auch in der aktuellen Auseinandersetzung sind sich widersprechende Gutachten bezüglich der Möglichkeit, nach Artikel 15 zu vergesellschaften, veröffentlicht worden. Nicht verwunderlich, schließlich ist die Sphäre des Rechts nicht objektiv, sondern immer Gegenstand und Ergebnis gesellschaftlicher Kräfteverhältnisse. Auch wenn es verschiedene Interpretationen gibt und ungewiss ist, welche sich am Ende durchsetzt, die von der Initiative angestoßene verfassungsrechtliche Debatte ist von hoher politischer Relevanz. Zum einen, weil überhaupt wieder öffentlich über Vergesellschaftung und die Logik des Privateigentums diskutiert wird; zum anderen, weil dies nicht als Streit um ein linkes Projekt, sondern als eine Auseinandersetzung um die Verfasstheit des bundesrepublikanischen Gemeinwesens geschieht: »Dadurch dass das Projekts der Vergesellschaftung in Artikel 15 des Grundgesetzes legitimiert ist, konnten die Forderungen in einem zentralen gesellschaftlichen Selbstverständnis verankert werden, und eine einfache Diffamierung als radikale Träumerei konnte verhindert werden.«[47]

Learning by doing: Vergesellschaftung als »kleine Wiederaneignung«

Dass sich die aktuellen Kämpfe für Vergesellschaftung auf die reproduktive Sphäre beziehen, könnte sich gegenüber den historischen Kämpfen für Sozialisierung gerade als Vorteil erweisen. Die Interessen, die aus der Lohnabhängigkeit der Mehrheit der Menschen resultieren, richten sich wie ehedem eher auf den Erhalt des Arbeitsplatzes (im doppelten Wortsinne) als darauf, im eigenen Betrieb für eine Vergesellschaftung zu kämpfen. Zudem ist völlig unklar, woher die Ressourcen (an Expertise, an Mobilisierung) für solche Auseinandersetzungen kommen sollen, wenn die Verhältnisse naturalisiert sind und als zeitlos gültig wahrgenommen werden und wenn Vergesellschaftung selbst für Gewerkschaften kein Thema mehr ist. Wenn nun durch Vergesellschaftung auf den verschiedenen Feldern der Daseinsvorsorge – wie Wohnen, Bildung, Wasser, Energie, Mobilität, medizinische Versorgung, Kultur, Müllbeseitigung, Sport und vieles mehr – der Zugang dazu erschwinglich (möglicherweise kostenlos, wie es mitunter für den öffentlichen Nahverkehr gefordert wird) werden würde, hätten die Lohnabhängigen ein Stück ihrer Eigentumslosigkeit überwunden. Sie wären insofern »resilienter« gegenüber den

47 Niklas Stoll: Vergesellschaftung als Transformationsstrategie. »Deutsche Wohnen & Co. enteignen« im diskursiven und politischen Kontext, in: Prokla. Zeitschrift für kritische Sozialwissenschaft 209, 4/2022, S. 640.

Unsicherheiten »des Marktes«, der Ausschluss von den gesellschaftlichen Produktionsbedingungen wäre weniger absolut.

Viele Güter der »öffentlichen Daseinsvorsorge« wurden in den letzten Jahrzehnten auf unterschiedliche Weise einer Marktlogik ausgeliefert, was mitunter zu verheerenden Ergebnissen geführt hat, wenn man nur an den Bereich Wohnen denkt. Solche Bereiche der Marktlogik wieder zu entziehen wäre eine Art »kleine Wiederaneignung«[48] und könnte auf positive Resonanz in der Bevölkerung stoßen, gerade weil eine Verbesserung der Lebensverhältnisse unmittelbar spürbar wäre. Es geht schließlich im Falle des Berliner Vergesellschaftungsvorhabens nicht um ein kleines Hausprojekt, sondern um rund 222 000 Wohnungen. Um die Bewirtschaftung einer solchen Menge an Wohnungen gewährleisten zu können, hat DWE eine eigene Rechtsform konzipiert: eine Anstalt öffentlichen Rechts (AöR). Sie füllt eine rechtliche Lücke, denn in Deutschland existiert keine Rechtsform für Gemeingut. Jedenfalls keine, die eine Privatisierung oder privatnützige Bewirtschaftung verhindern könnte und zugleich jenseits von partikularen Interessen einer *Gemeinschaft* die Interessen der *Gesellschaft* vertritt.[49] Daher hat sich die Kampagne auch nicht der Losung angeschlossen: »Die Häuser denen, die drin wohnen«, die aus der Hausbesetzerbewegung bekannt ist und die an die historische Sozialisierungsdebatte erinnert. Eine Übernahme von Schlüsselindustrien durch Staat oder Belegschaft unter sonst gleichbleibenden Bedingungen

48 »Kleine Wiederaneignung« führt in dem Sinne zu öffentlichem Luxus, dies meint bedingungslosen Zugang zu Gütern der Grundversorgung: »Öffentlicher Luxus beruht auf der Wiederherstellung und Ausweitung öffentlichen Eigentums an Infrastrukturen der Daseinsvorsorge und weiterer Teile der Wirtschaft sowie ihrer gemeinwirtschaftlichen und demokratischen Organisation.« (Lemon Banhierl u. a.: Öffentlicher Luxus. Eine verheißungsvolle Zukunft, in: communia & BUND Jugend (Hrsg.): Öffentlicher Luxus, Berlin 2023, S. 28)

49 Die Initiative weist darauf hin, dass es zwar öffentliches Eigentum gibt (z. B. Schule oder Wald), aber keine gesonderte Rechtsform, wie dessen Verwendung zu regeln ist. Der Staat kann über sein Eigentum frei verfügen und jederzeit privatisieren. Selbst landeseigene Wohnungen sind mittlerweile Aktiengesellschaften oder GmbHs. Auch Genossenschaften sind nicht zu vergleichen mit Gemeingut, sie sind ein Zusammenschluss von Kleineigentümern, bilden kein Gemeineigentum der Stadtgesellschaft und sind nur ihren Mitgliedern verpflichtet. Vgl. Ralf Hoffrogge/Stephan Junker: Vergesellschaftung von Wohnraum. Vom Schlagwort zur Umsetzung, in: Deutsche Wohnen & Co enteignen: Wie Vergesellschaftung gelingt, S. 33.

wäre nichts anderes als »Sondereigentum«. Um dies zu verhindern, will DWE nicht nur dem Markt und den Konzernen die Wohnungen dauerhaft entziehen, sondern zugleich überlegen, wie sie zu einem »wahrhaften Gemeineigentum unserer Stadt und der darin lebenden Menschen werden« können. Eine Rechtsform als Genossenschaft wird ausgeschlossen,[50] da dies nicht dem Geiste von Artikel 15 entspreche: »Für eine echte Vergesellschaftung braucht es eine Rechtsform, die kein Gruppeneigentum ist wie die Genossenschaft, aber auch kein Staatseigentum als Aktiengesellschaft. […] übrig bleibt daher die Anstalt des öffentlichen Rechts.«[51]

Die Form der Bewirtschaftung entspräche einer »gemeinwirtschaftlichen Selbstverwaltung«. Der Verwaltungsrat solle, so der Vorschlag, aus Mieterinnen und Mietern, Beschäftigten der Hausverwaltung, dem Senat und der Stadtgesellschaft bestehen. Die Konzeption beinhaltet eine ausgefeilte Rätestruktur mit verschiedenen Ebenen, die Wohnungsvergabe werde mittels Losverfahren erfolgen, das jene besonders berücksichtigt, die auf dem üblichen Wohnungsmarkt Diskriminierung erfahren. Die Mieteinnahmen dienten nicht der Rendite von Eigentümern, sondern der Instandhaltung, der energetischen Modernisierung, der Verwaltung des Bestands, der Rückzahlung der Entschädigungssumme für die Konzerne, deren Bestand vergesellschaftet wurde, etc.

Das Konzept einer Anstalt öffentlichen Rechts ist zwar weit gediehen, und es gibt historisches Erfahrungswissen, da Formen der gemeinwirtschaftlichen Selbstverwaltung nicht neu sind, aber es gibt keinerlei Erfahrung damit, wie privatwirtschaftliche, teils börsennotierte Konzerne vergesellschaftet werden. Dass Konzept und Praxis stets gemeinsam entwickelt und aneinander angepasst werden müssen, ist vor diesem

50 Deutsche Wohnen & Co enteignen (Hrsg.): Gemeingut Wohnen. Eine Anstalt öffentlichen Rechts für Berlins vergesellschaftete Wohnungsbestände, Berlin 2023, S. 6.

51 Deutsche Wohnen & Co enteignen: Wie Vergesellschaftung gelingt, S. 33. Eine AöR ist öffentliches Eigentum, bedarf aber eines Gesetzes, in dem Auftrag und innere Verfassung des Unternehmens geregelt sind. Beispiele sind die Berliner Verkehrsbetriebe oder der öffentliche Rundfunk.

Hintergrund plausibel. Gemeinwohl kann bei noch so guten Grundsätzen nicht geplant werden, es entsteht erst im ständigen demokratischen Ringen. Vergesellschaftung ist kein Zustand, Vergesellschaftung ist ein Prozess. Insofern betont die Initiative in ihrer Broschüre »Gemeingut Wohnen« zu Recht: »Wir sind überzeugt, mit unserem Konzept einen Grundstein für diese wichtige, gerade erst beginnende Debatte gelegt zu haben, und freuen uns auf den weiteren Austausch.«[52]

Es geht dabei wie gesagt nicht einfach darum, gemeinwirtschaftliche Selbstverwaltung als Feel-Good-Veranstaltung für die betroffenen Mieterinnen und Mieter zu etablieren. Die Vergesellschaftung eines solchen Wohnungsbestands, der die gemeinschaftliche Verfügungsmacht erweitert auf die Stadtgesellschaft, zielt auf eine prinzipielle Verdrängung der Marktlogik aus den Bereichen der lebensnotwendigen Güter und Dienstleistungen, wie sie die Daseinsvorsorge darstellen, zunächst auf dem Feld des Wohnens. Bei einer erfolgreichen Vergesellschaftung ist neben vielen anderen positiven Effekten (Sicherheit, Einflussmöglichkeit, Neubau etc.) zu erwarten, dass die Mieten sinken[53] und der Anteil öffentlicher Wohnungen im Verhältnis zu den privaten größer wird. Dies käme einer *Normalisierung* gleich und könnte damit durchaus die Legitimität einer gesellschaftlichen Verfügungsgewalt über Grundgüter gegenüber einer privatnützigen (wieder) stärken. Stoll zufolge ist aus diesem Grund die Vergesellschaftung, wie sie DWE anstrebt, eine *nicht-reformistische* Reform. Sie bereite weitere Transformationen vor: »Einmal realisiert, wäre Vergesellschaftung als gangbarer Weg etabliert, würde weiter den politischen Diskurs verschieben und könnte zahlreiche Nachahmer auch in anderen Sektoren finden, wie bereits die Initiativen ›Hamburg enteignet‹ und ›RWE & Co. enteignen‹ zeigen, die sich am Beispiel von DWE orientieren.«[54]

52 Deutsche Wohnen & Co enteignen (Hrsg.): Gemeingut Wohnen, S.7.

53 Expertenkommission zum Volksentscheid, S. 46.

54 Stoll: Vergesellschaftung als Transformationsstrategie, S. 641. Vgl. auch Rabea Berfelde/Philipp Möller: Radikaldemokratische Planung der Wohnraumversorgung? Das Vergesellschaftungskonzept von »Deutsche Wohnen & Co. enteignen«, in: Prokla. Zeitschrift für kritische Sozialwissenschaft 212, 3/2023, S. 561–577.

Wie auch immer Vergesellschaftung nach Artikel 15 schließlich umgesetzt wird, sie bewegt sich in jedem Falle qua definitionem in bürgerlich-kapitalistischen Zusammenhängen. Sie hat daher mit vielen damit verbundenen Widersprüchen zu kämpfen. Der Raum für die notwendige oder gewünschte Partizipation bei Selbstverwaltung ist beschränkt durch die Zeit, die für die Lohnarbeit aufgewendet werden muss. Die Unberechenbarkeit des Markts, bezogen beispielsweise auf steigende Preise oder Zinsen, trifft auch Formen gemeinwirtschaftlicher Verwaltung.

Diese Ambivalenz der »kleinen Wiederaneignung« ist nichts Neues. Sie ist aus tradierten alternativen Formen der gemeinschaftlichen Nutzung und Bereitstellung von Gütern, auch jenseits der reproduktiven Sphäre, bekannt. Betriebe in Selbstverwaltung, Wohnprojekte, Arbeits- und Lebensformen jenseits des Ware-Geld-Tauschs und ähnliche Projekte einer »solidarischen Ökonomie« sind älter und mal mehr, mal weniger erfolgreich erprobt. Oft werden sie als Keimzellen einer alternativen Gesellschaftsform betrachtet, »Halbinseln gegen den Strom« nennt sie die Ökonomin Friederike Habermann.[55] Sie stehen alle vor dem Problem, nach innen anders wirtschaften zu wollen, dabei aber ständig mit einem kapitalistischen oder staatlichen Außen konfrontiert zu sein. Dieses Außen bleibt nicht ohne Einfluss auf das Innen. Es handelt sich bei all den genannten alternativen Eigentumsformen um Varianten des Gemeineigentums, aber in den gegebenen Verhältnissen muss sich jedes Kollektiv zwangsläufig wie ein einzelner Marktakteur verhalten, mit all den damit verbundenen Widersprüchen. Das gilt auch für kommunales Eigentum und für die entsprechenden Güter der Daseinsvorsorge: »Gemeineigentum kennt viele Namen – genossenschaftliches, öffentliches, staatliches oder kommunales Eigentum. Es ist immer Eigentum einer Gruppe von Menschen, die ein konkretes gemeinsames Interesse zusammenführt, sei es der Gedanke der Selbsthilfe (man denke an die Wohnungsgenos-

55 Friederike Habermann: Halbinseln gegen den Strom: Anders leben und wirtschaften im Alltag, Roßdorf 2009.

senschaften), sei es die Notwendigkeit einer abgestimmten Entwicklung eines bestimmten Gebietes, etwa einer Stadt über kommunale Energie-, Wasser- oder Verkehrsunternehmen. [...] Alle diese Eigentumsformen bleiben aber eingebunden in gut kapitalistische Beziehungen, sie treten über einen von Privatinteressen bestimmten Markt in Beziehung zu anderen Unternehmen (mitunter auch zu ihren formalen EigentümerInnen), sie finanzieren sich über die Finanzmärkte (und sei es über als ethisch betrachtete Investments) oder durch staatliche Zuschüsse oder durch Spenden und sind, damit das auch alles funktioniert, in die rechtlichen Rahmen der bürgerlichen Gesellschaft eingebunden.«[56]

Das gilt auch für Vergesellschaftung. Dennoch ist sie, auch explizit nach Artikel 15, nicht das Gleiche wie Verstaatlichung. Die an der Vergesellschaftung Beteiligten möchten frei von staatlichen Zwängen und Zwecken gemeinnützig, man könnte sagen: zivilgesellschaftlich, agieren. Inwiefern der Staat dabei Gegner ist oder Komplize sein kann, muss vor dem Hintergrund seiner Interessen und Zwecke beurteilt werden.

Exkurs: Der Staat als Komplize?

Als in den 1830er-Jahren der Wirtschaftsliberalismus »mit dem Eifer eines Kreuzzugs« expandierte, wurde zugleich ein staatlicher Verwaltungsapparat mit aufgebaut, der die Anforderungen des ausgreifenden Marktsystems umsetzte: »Der Zugang zu den freien Märkten wurde durch eine enorme Zunahme eines ständigen, zentral organisierten und kontrollierten Interventionismus geöffnet und offengehalten. [...] So kam es, dass sogar jenen, die sich nichts sehnlicher wünschten, als den Staat von allen unnötigen Aufgaben zu befreien, und deren ureigenste Philosophie die Einschränkung der staatlichen Fähigkeit forderte, nichts anderes übrig blieb, als ebendiesen Staat mit neuen Vollmachten, Organen und Instrumenten, die für die Durchsetzung des Laisser-faire erforderlich waren, auszustatten.«[57]

56 Lutz Brangsch: Räume des Lernens, in: OXI 7/2019, S. 14.

57 Polanyi: Great Transformation, S. 194.

Mit der Zunahme staatlicher Maßnahmen zur Etablierung eines kapitalistischen Markts mussten in der Folge Gegenmaßnahmen veranlasst werden, um die Gesellschaft vor dessen zerstörerischen Folgen zu schützen. Polanyi zählt eine Menge von Einzelgesetzgebungen auf, die die Verwaltungen Mitte des 19. Jahrhunderts erließen, um dem Wirken des freien Markts etwas entgegenzusetzen. Darunter war beispielsweise ein Arbeitsverbot im Bergwerk für Jungen unter zwölf Jahren, die keine Schule besuchten, nicht lesen oder schreiben konnten, oder das Verbot von Kohleminen mit nur einem Schacht, ein Gesetz zur Bestellung von Inspektoren, um die Qualität von Nahrungsmitteln zu kontrollieren, ein Schornsteinfegergesetz »zur Verhinderung der Qualen und des schließlichen Todes von Kindern, die zum Fegen in zu enge Kamine«[58] gesteckt wurden, oder ein Arbeiterentschädigungsgesetz, das sich mit der Haftung des Unternehmers für Schäden befasste, die am Arbeitsplatz entstehen, und vieles weitere mehr. Diese von Polanyi eindrücklich beschriebenen Vorgänge sind, wenn man so will, die Vorgeschichte des modernen bürgerlichen Staats. Das Verhältnis Markt und Staat ist auf einer allgemeinen Ebene noch heute im Wesentlichen das gleiche. Die privatautonomen Interessen sind auf die maximale Verwertung ihres Kapitals ausgerichtet, und der Staat sichert zunächst die Bedingungen dafür, dass es überhaupt einen Markt geben kann (Privateigentum, Geld etc.), und repariert schließlich mehr oder weniger gut die von Kapital und Markt angerichteten Schäden. Beide Sphären sind immer schon eng aufeinander bezogen und voneinander abhängig.

Der Staat als potenzielle Alternative zur Privatwirtschaft beinhaltet vor diesem Hintergrund widersprüchliche Momente: Er hängt selbst ab von einer erfolgreichen Wirtschaft, da er sich über Steuern aus Lohneinkommen, Konsum und Unternehmensgewinnen finanziert. Daraus resultiert sein Interesse, dass die Unternehmen Profit machen, verkaufen und dass es einen hohen Beschäftigungsgrad gibt. Und

58 Ebd., S. 202.

dafür sorgt er in vielerlei Hinsicht. Beispielsweise braucht es für einen reibungslosen Warenverkehr, seien es Güter oder Arbeitskraft, eine Grundversorgung, es braucht Energie, öffentlichen Fern- und Nahverkehr, Telekommunikationsmittel etc. Die Kosten für diese Infrastrukturleistungen sind hoch, sie werden daher zum Teil oder ganz vom Staat übernommen, wenn sie für das private Einzelkapital nicht oder nicht mehr rentabel sind. Infrastrukturgüter sind die »allgemeinen Produktionsbedingungen«,[59] es sind die materiellen Bedingungen für die Aufrechterhaltung der kapitalistischen Reproduktion. Genau diese allgemeinen Produktionsbedingungen unterlagen in den vergangenen Jahrzehnten einem entscheidenden Formwandel: Sie wurden zu einem großen Teil privatisiert.

Grundsätzlich agiert der Staat, wie Engels festhielt, als »ideeller Gesamtkapitalist«.[60] Das bedeutet, dass er das kapitalistische Gesamtinteresse an einer möglichst profitablen Akkumulation verfolgt – oder etwas populärer ausgedrückt: Der Staat sorgt sich um »unsere Wirtschaft«. Dieses kapitalistische Gesamtinteresse ist nicht unmittelbar gegeben, es bildet sich erst heraus, indem die gesellschaftlichen Interessengruppen – Vertreter des Kapitals, Gewerkschaften, zivilgesellschaftliche Organisationen, Verbraucherschutz, Umweltverbände etc. –, mit ganz unterschiedlichen Machtressourcen ausgestattet, ihre gegensätzlichen Interessen »anmelden« und durchzusetzen versuchen. Und genau dazu bedarf es einer kritischen Öffentlichkeit und parlamentarischer Debatte sowie des häufig geschmähten Lobbyismus.[61] Der Staat als ideeller Gesamtkapitalist ist nicht der Handlanger einzelner Kapitalfraktionen,[62] er geht durchaus gegen die Interessen einzelner Kapitale vor,

59 Marx: Grundrisse, MEW, Bd. 42, S. 437.

60 Friedrich Engels: Herrn Eugen Dührings Umwälzung der Wissenschaft (Anti-Dühring), in: MEW, Bd. 20, S. 260.

61 Vgl. dazu ausführlicher Michael Heinrich: Kritik der Politischen Ökonomie. Eine Einführung, Stuttgart 2021, S. 213 ff.

62 Es kommt durchaus vor, dass einzelne Regierungen solche Handlangerdienste ausführen – aber solches Verhalten wird selbst in der bürgerlich-kapitalistischen Welt als Skandal wahrgenommen und wenn möglich auch juristisch verfolgt, denn es hat nichts mit dem kapitalistischen Gesamtinteresse zu tun.

wenn es dem kapitalistischen Gesamtinteresse dient. Umweltauflagen gehören zum Beispiel zu solchen Maßnahmen. Sie schützen alle Akteure vor einer zu großen Umweltbelastung, aber sie schränken die Profitabilität des einzelnen Kapitals ein, dem für die Erfüllung der Umweltauflagen Kosten entstehen.

Neben Naturressourcen ist vor allem die Arbeitskraft zentral für die Reproduktion der kapitalistischen Produktionsweise. Sie schafft nicht nur Wert, sondern auch den Mehrwert. Die Erhaltung der Arbeitskraft ist nicht nur eine Notwendigkeit für die einzelnen Menschen, sondern auch für das kapitalistische System als Ganzes. Dort, wo die einzelnen Kapitale die Arbeitskraft durch gesundheitsgefährdende Arbeitsbedingungen oder durch Hungerlöhne zu zerstören drohen, muss der Staat aktiv werden. Arbeitsschutzgesetze und Sozialpolitik schützen deshalb auch das Kapital vor sich selbst, davor, dass es seine eigene Quelle untergräbt (das gilt ebenso für Umweltschutzmaßnahmen). Andererseits sorgt Sozialpolitik dafür, dass dort, wo der Lohn nicht hinreicht, die Reproduktion der Arbeitskraft dennoch gewährleistet werden kann: »Durch die verschiedenen Sozialversicherungen sichert der Staat die Arbeitskraft gegenüber den grundlegenden Risiken, denen sie in einer kapitalistischen Ökonomie ausgesetzt ist: die dauerhafte Unmöglichkeit des weiteren Verkaufs der Arbeitskraft aufgrund von Unfällen oder Alter (Unfall- bzw. Rentenversicherung); die vorübergehende Unmöglichkeit des Verkaufs der Arbeitskraft aufgrund von Krankheit oder Arbeitslosigkeit (Kranken- bzw. Arbeitslosenversicherung, Sozialhilfe).«[63] Auch Wohnraum wurde und wird ganz oder teilweise vom Staat gewährleistet, wenn das Wohnen unbezahlbar ist oder blanke Wohnungsnot herrscht, was die Reproduktion der Arbeitskräfte gefährdet.

Der unmittelbare Zweck von staatlichen Sozialleistungen ist daher nicht, dass es den Menschen besser geht, sondern dass sie als Arbeitskraft dem Arbeitsmarkt zur Verfügung stehen können. Zugleich sind sie ein Disziplinierungsinstrument: »Leistungen wie das Arbeitslosengeld oder die Alters-

63 Ebd., S. 212.

rente hängen vom vorherigen Lohn ab – ein Zusammenhang, der allein schon auf viele Arbeiterinnen und Arbeiter disziplinierend wirkt.«[64] Daher werden Lohnersatzleistungen auch mit Restriktionen versehen: Man muss dem Arbeitsmarkt zur Verfügung stehen, sonst gibt es Sanktionen. Die staatlichen Leistungen haben unabhängig von ihrer Zwecksetzung den Effekt, dass sie Lebens- und Überlebensbedingungen der Menschen sichern. Kämpfe für die Verbesserung von Sozialleistungen und die Bereitstellung von Gütern der Daseinsvorsorge sind daher wichtig, und es soll nicht in Abrede gestellt werden, dass für viele Politikerinnen und Aktivisten dieser sichernde Aspekt der Sozialleistungen im Vordergrund steht. Aber diese Leistungen bleiben immer abhängig von der kapitalistischen Akkumulation. Wenn diese in eine Krise gerät, sinken die Staatseinnahmen und die Sozialausgaben steigen. Insofern stehen Letztere stets unter Druck und sind von Kürzungen bedroht.

Darüber hinaus zeichnet sich der Staatsapparat durch eine besondere Eigenlogik aus. Staatsbedienstete, Angestellte in der Verwaltung, in kommunalen Einrichtungen etc. arbeiten in einer bürokratisierten und hierarchischen Ordnung, in der die »Leistungsempfänger« strukturell als zu verwaltende Objekte gelten, nicht aber als Subjekte der Mitbestimmung. Erschwerend kommt hinzu, dass in den letzten Jahrzehnten Maßstäbe der Betriebswirtschaft in den Verwaltungen, insbesondere den kommunalen, Einzug gehalten haben. Behörden und Verwaltungen wurden durch »New Public Management«-Reformen auf Wettbewerb getrimmt: »Neue Kosten- und Budgetierungsverfahren machen aus öffentlichen Leistungen ›Produkte‹. Aus Bürgerinnen werden ›Kunden‹. Verwaltungseinheiten, die in der vermeintlichen Konkurrenz schlecht abschneiden, werden durch Kürzungen bestraft. Originäre Aufgaben der öffentlichen Hand wie die Verwaltung von Liegenschaften, der Unterhalt von Krankenhäusern, Stromnetzen und Stadtwerken werden in kommunale Unternehmen ausgegründet. Diese sind zwar

64 Ebd., S. 213.

im Besitz der betreffenden Kommune. Doch agieren sie nach der gleichen Logik wie Marktakteure.«[65]

Nun haben sich Charakter und Ausmaß staatlicher Bereitstellung von Gütern ständig, wenn auch diskontinuierlich gewandelt, begleitet von gesellschaftlichen Auseinandersetzungen. Es ging dabei stets um die Frage Staat oder Markt (privat). Natürlich steckte hinter der Kritik am Staat häufig das Kapital bzw. sein Interesse an neuen Anlagesphären, insofern sie Profite versprachen. So kritisierte der Bundesverband der Deutschen Industrie Anfang der 1950er-Jahre, dass staatliches Unternehmertum einer Enteignung der Privatwirtschaft gleichkomme.[66] Wie stark sich der herrschende Konsens darüber, was privat und was staatlich sein soll, verschieben kann, wird an den Privatisierungsdebatten jener Zeit deutlich. Volkswagen war bis 1961 unter staatlicher Kontrolle, die Zahl der Beschäftigten stieg von 10 000 im Jahr 1949 auf etwa 78 000 im Jahr 1962. Im Oktober 1951 ging der 250 000. Volkswagen vom Band, vier Jahre später meldete das Staatsunternehmen bereits eine Million verkaufter Fahrzeuge. Ab 1950 zahlte das Unternehmen bundesweit die höchsten Löhne und Sozialleistungen, es senkte die Preise trotz steigender Rohstoffkosten. Wer der älteren Generation angehört und im Westen groß geworden ist, erinnert sich vielleicht noch an den ersten VW-Käfer der Eltern, der in jener Zeit zur Ikone wurde, nicht nur weil er mit seiner runden Käferform so niedlich aussah, sondern weil er den wirtschaftlichen Wiederaufstieg Westdeutschlands symbolisierte.

Zu jener Zeit war die Diskussion darüber, wann der Staat wirtschaftlich tätig sein sollte und wann nicht, längst entbrannt. Im Visier der Arbeitgeberverbände und der Wirtschaftsliberalen waren die riesigen Staatsunternehmen, sie sollten in private Hand überführt werden. Nur noch Güter von »öffentlichem Interesse«, genauer: Leistungen zur »Erfüllung

65 Henrik Lebuhn/Marieke Prey: Wenn die Marktlogik trotzdem wirkt. Eine einfache Gegenüberstellung von »privatem« und »öffentlichem« Eigentum greift zu kurz, in: OXI 7/2019, S. 11.

66 Vgl. Thomas Handschuhmacher: Was soll und kann der Staat noch leisten? Eine politische Geschichte der Privatisierung in der Bundesrepublik 1949–1989, Göttingen 2018, S. 51.

staatsnotwendiger Aufgaben«, sollte der Staat selbst anbieten dürfen. Die Kritiker der Privatisierung argumentierten hingegen, dass es durchaus im öffentlichen Interesse sei, beispielsweise allen Bürgern einen »leistungsfähigen Kleinwagen zu den Selbstkosten« bereitzustellen: »Die Lieferung eines billigen Volkswagens auch an Bezieher von kleinen Einkommen sollte die Aufgabe der öffentlichen Hand auf dem Gebiet der Automobilwirtschaft sein«, sagte der damalige wirtschaftspolitische Sprecher der SPD-Bundestagsfraktion.[67] Man sieht: Was von öffentlichem Interesse ist und was nicht, ist Ergebnis gesellschaftlicher Auseinandersetzungen und Aushandlungen. Der Imperativ des Privateigentums ist nicht in Stein gemeißelt.

Staatliches Handeln erfüllt daher nicht nur eine Funktion für das Kapital, es ist umkämpftes Terrain. Es besitzt eine Ambivalenz, die in einer bloß funktionalen Sichtweise übersehen wird, und ein unter Umständen gesellschaftsveränderndes Potenzial.[68] Auch wenn der Staat im wechselseitigen Abhängigkeitsverhältnis mit der kapitalistischen Marktwirtschaft bestimmten Zwängen unterworfen ist und einer eigenen Logik unterliegt, gibt es Ansatzpunkte dafür, zwar nicht den Staat zum Komplizen zu machen, aber einige Teile des Staatsapparats dafür zu benutzen, der Marktlogik möglichst viele Bereiche der Produktion zu entziehen. Voraussetzung für eine »kleine Wiederaneignung« wäre allerdings, dass Verwaltung und Bereitstellung der wieder angeeigneten Güter so staatsfern wie möglich angeboten werden. Auch hier könnte sich die Vergesellschaftung von Wohnungsbeständen nach Artikel 15 als Vorbild erweisen.

Freiheit und Gleichheit: Das Versprechen einer anderen Vergesellschaftung

Der bürgerliche Staat und die mit ihm korrespondierende kapitalistische Produktionsweise erscheinen so umfassend und alternativlos unser aller Leben zu bestimmen, dass ein Weg von der »kleinen« zur »großen Wiederaneignung« unmöglich

67 Alle Zitate: ebd, S. 65.

68 Vgl. dazu ausführlich Wright: Linker Antikapitalismus, S. 86 ff.

scheint. Wie könnte man aus diesen eingefahrenen, über Jahrhunderte gewachsenen und als natürlich und naturnotwendig angenommenen Handlungs- und Herrschaftsstrukturen herauskommen? Aus der Geschichte der Vergesellschaftungsdiskussionen lässt sich trotz aller Unterschiede zur aktuellen Auseinandersetzung etwas über die Beantwortung dieser Frage lernen. Erinnern wir uns daran, dass in den historischen Debatten über Vergesellschaftung die sozialen Formen, die der kapitalistischen Produktionsweise eigen sind (Warenform, Lohnform, Geldform etc.), kaum hinterfragt und sie deshalb wie selbstverständlich in Theorie und Praxis von Sozialisierung oder Sozialismus »mitgeschleppt« wurden (s.o., S. 127–129). Ein Bewusstsein dafür, dass es einen Zusammenhang zwischen gesellschaftlicher Praxis und sozialen Verkehrsformen gibt (s.o., S. 98–102) würde die Frage der Transformation anders beantworten. Es ginge dann nicht mehr um die Übernahme der Produktionsmittel durch die Arbeitenden unter sonst gleichbleibenden Bedingungen. Am Beginn stünde vielmehr die Aufhebung privatnütziger Verfügungsmacht über die Produktionsmittel, wobei dies mit einer »Verschiebung von Beziehungen«[69] einherginge: mit der Überwindung von Konkurrenz. Wenn aber gesellschaftliche Arbeit auf diesem Wege unmittelbar kooperativ erfolgt, dann beschreibt »Vergesellschaftung der Produktionsmittel« konsequenterweise nicht nur Prozesse der Dekommodifizierung,[70] sondern auch der Demonetarisierung.[71]

Derartige Veränderungen können nicht über Nacht erfolgen. Sie benötigen eine umfassende gesellschaftliche Vorbereitung, sowohl auf einer organisatorischen Ebene als auch in den individuellen Handlungsweisen. Genauso wenig wie die Einführung marktwirtschaftlich-kapitalistischer Systeme in einem einzigen Akt stattfand, wird ihre Überwindung zu

69 Als solches definiert Adamczak soziale Transformation; vgl. Bini Adamczak: Beziehungsweise Revolution. 1917, 1968 und kommende, Berlin 2017.

70 Dekommodifizierung heißt, einem Gut die Form der Ware entziehen, es kostenfrei zur Verfügung zu stellen.

71 Weshalb eine Sozialisierung von Banken nicht erheblich wäre.

einem einzelnen Zeitpunkt erfolgen. Die ökonomischen Beziehungen müssen so umstrukturiert werden, dass eine Dekommodifizierung und Demonetarisierung überhaupt möglich ist. Und die Menschen müssen ausreichend Erfahrung gesammelt und gelernt haben, damit umzugehen.

Die Ausweitung und Vertiefung von Prozessen der Vergesellschaftung könnte ein Weg sein, einer insgesamt kooperativen Wirtschaft und damit der »großen Wiederaneignung« näher zu kommen. Wenn es in Berlin wirklich zur Vergesellschaftung der Wohnungsbestände großer Immobilienkonzerne kommen sollte, dann wären die Mieten der vielen nicht mehr das Mittel zur Kapitalvermehrung der Privateigentümer. Diese gegensätzliche und instrumentelle Beziehung wäre obsolet. An ihre Stelle träte eine kooperative Beziehung zwischen Hausverwaltung, Mieterräten, Stadtgesellschaft und Senat, die sich gemeinsam auf Grund und Boden als Mittel der Bedürfnisbefriedigung beziehen. Die Initiative »Deutsche Wohnen & Co enteignen« zielt daher auf grundlegende Veränderungen auf drei verschiedenen Ebenen: »Wir wollen eine Verschiebung der Verfügungsmacht (von privatem in Gemeineigentum), eine Verwandlung der Verfügungsweise (von Marktmechanismen in demokratische Strukturen) und eine Aneignung des Verfügungszwecks (von Profit- zu Bedürfnisorientierung).«[72]

Die Wohnungsbestände wären bei einer Vergesellschaftung zwar dem Markt entzogen, sie wären dekommodifiziert, sie würden sich aber nach wie vor in einem marktwirtschaftlichen Umfeld befinden. Es müssten eine Menge Waren (Wasser, Energie) und Dienstleistungen (Verwaltung, Reparaturen, Gartenpflege) am Markt gekauft werden. Die Mieter müssten nach wie vor Miete bezahlen, um diese Leistungen einkaufen zu können, und um Miete zahlen zu können, müssten sie ihre Arbeitskraft

72 Jenny Stupka: Die politisch-strategischen und theoretischen Potenziale von Vergesellschaftung, in: Organisationsteam Vergesellschaftungskonferenz (Hrsg.): Neue Energie für Vergesellschaftung für neue Energie. Vergesellschaftungsperspektiven im Energiesektor. Broschüre zur Vergesellschaftungskonferenz 2022, Berlin 2022, S. 13. Koch prägt für eine Vergesellschaftung, die diese drei Ebenen adressiert, den interessanten Begriff Entprivatisierung; vgl. Koch: Vergesellschaftung als Entprivatisierung.

am Markt verkaufen. Intern könnten die Bewohnerinnen und Bewohner der Häuser versuchen, die Bedeutung der Geldzahlungen zu vermindern: Einige von ihnen, die qualifiziert sind und Lust dazu haben, könnten die Gartenpflege übernehmen und im Gegenzug könnte ihnen die Gemeinschaft die Zahlung ihrer Miete ganz oder teilweise erlassen. Eine Kinderbetreuung und Hausaufgabenhilfe, ein Ganztagshort etc. könnten ähnlich organisiert sein. Solche unmittelbar kooperativen Praktiken im Rahmen von Selbstverwaltung sind keine revolutionären Ideen, sie sind historisch aus diversen Vereinen der Arbeiterbewegung und aus solidarischen Netzwerken bekannt und nach wie vor existent (in selbstverwalteten Betrieben, Hausprojekten, Kooperativen etc.). In einem kapitalistischen Umfeld dienen solche Praktiken oft der Linderung von Krisenfolgen, sie sind Hilfe in der Not, aber vor allem stets prekär, mit wenigen Ressourcen versehen. Eine solche interne Dekommodifizierung und Demonetarisierung hätte zwar Einfluss auf den Umgang der Bewohnerinnen und Bewohner untereinander, der ökonomische Effekt wäre insgesamt allerdings gering. Erheblich größer wäre er, wenn neben dem Wohnen noch weitere Bereiche der Daseinsfürsorge wie die Energie- und Wasserversorgung vergesellschaftet wären. Diese Produktionszweige wären dann zwar ebenfalls der Kapitalverwertung entzogen, sie würden aber nach wie vor in einem marktwirtschaftlichen Umfeld stehen: Um Waren und Dienstleistungen kaufen zu können, müssten sie über Geldeinnahmen verfügen. Allerdings könnten diese Inseln der Vergesellschaftung mit der Zeit immer größer werden und sich auch zunehmend untereinander vernetzen. So könnten die kommunalen Stadtwerke im Zuge einer Vergesellschaftung einem selbstverwalteten Wohnungsbestand Energie liefern, die vergesellschafteten Wasserwerke entsprechend Wasser etc., und von dort aus müssten dann weitere Prozesse in Gang gesetzt werden.[73]

73 Ausführlicher zu solch einem Prozess anhand der solidarischen Ökonomie vgl. Michael Beykirch: Produktionsverhältnisse und Produktionsweise als Kategorien zur Untersuchung postkapitalistischer Alternativen. Eine Illustration am Beispiel der solidarischen Landwirtschaft, in: Marcus Hawel/Sara Khorshidi (Hrsg.): Doktorand*innen-Jahrbuch 2022. Work in Progress, Hamburg 2022, S. 91–104.

Zudem wäre es wichtig, nicht nur vergesellschaftete Bereiche innerhalb der Marktwirtschaft zu vergrößern, sondern auch diejenigen Bereiche, die der Marktwirtschaft weitgehend entzogen sind und über Steuern und Abgaben finanziert werden, wie etwa (in Deutschland) Schulen, Universitäten, in anderen Staaten (weitgehend) das Gesundheitssystem. Ein Nebeneinander von marktförmigen und nicht-marktförmigen Sphären gibt es bereits als Bestandteil einer kapitalistischen Vergesellschaftung. Doch ist der nicht-marktförmige Bereich im Kapitalismus nur geduldet. Werden solche Bereiche als Felder einer möglicherweise profitablen Kapitalanlage entdeckt, dann versucht das Kapital, diese Felder mit dem Hinweis zu besetzen, der Staat möge sich auf seine eigentlichen Aufgaben konzentrieren und den Rest privatisieren. Eine soziale Transformation hin zu einer kooperativen Wirtschaft würde bedeuten, diese Dynamik umzukehren und die nicht-marktförmige Sphäre auszuweiten, zum Beispiel den Personennahverkehr einzuschließen und kostenlos zu machen.

Durch eine solche Dynamik würde Geld gesamtgesellschaftlich an Bedeutung verlieren und damit auch seine Ausschlussfunktion. Da Steuern vom Staat eingezogen und die öffentlichen Dienstleistungen bislang weitgehend vom Staat organisiert werden, müssten hier allerdings ebenfalls grundlegende Veränderungen stattfinden. Das betrifft zum einen die Art der Bereitstellung und die Form der Organisation dieser Dienstleistungen, ähnlich wie bei dem Berliner Vergesellschaftungsprojekt sollten Beschäftigte gemeinsam mit Vertretern der Zivilgesellschaft darüber befinden. Zum anderen betrifft es die Finanzierung: Werden mit immer mehr Steuergeldern gleiche Leistungen für alle bereitgestellt (was in Deutschland bislang vor allem im Bildungssektor der Fall ist), dann werden Steuern zunehmend zur Umverteilung benutzt, was bei den meisten Beziehern hoher Einkommen und Vermögen sicher nicht auf Begeisterung stoßen wird.

Den nicht-marktvermittelten Zugang zu Gütern und Dienstleistungen durch die schrittweise Ausdehnung einer immer mehr Bereiche vernetzenden Vergesellschaftung und eines sich vergrößernden steuerfinanzierten Bereichs auszuweiten, führt zu einem weitreichenden Wandel gesellschaftlicher Beziehungen. Was dies an Lernprozessen, aber auch an Konflikten mit sich bringen mag, lässt sich nicht antizipieren. Klar ist jedoch, dass das Nebeneinander von marktvermittelter und nicht-marktvermittelter Sphäre immer ein Spannungsverhältnis beinhalten wird: »Ein alter Organismus wird aufgelöst, ein neuer entwickelt sich. Soll der neue eine Chance zu seiner Ausbildung und Implementierung in die bestehenden Gesellschaftsstrukturen erhalten, ist es unabdingbare Voraussetzung, dass diese beiden Systeme nicht bewusst- und ahnungslos miteinander vermischt werden, sondern die alten Formen gezielt abgebaut und die neuen Strukturen mit Bewusstheit gestaltet und aufgebaut werden.«[74]

Eine Dimension des Veränderungsprozesses wurde bislang noch nicht angesprochen: die globale. Wir produzieren über Tausende von Kilometern hinweg in wechselseitig voneinander abhängiger Arbeitsteilung. Wir tun dies aber aufgrund der privaten Produktionsweise voneinander unabhängig. Jedes kapitalistische Unternehmen versucht dabei, unter dem Druck der Konkurrenz einen möglichst maximalen Profit herauszuholen, ungeachtet der Folgen für Mensch und Natur. Die in nur einem Land möglichen Veränderungen sind daher begrenzt. Letzten Endes geht es um eine andere Struktur möglichst großer Teile der Weltwirtschaft. Das ist kein Spaziergang, aber unabdingbar. Oder, um es mit Nancy Fraser zu sagen: »Die einzige Hoffnung besteht darin, groß zu denken, im Sinne einer umfassenden Transformation. [...] Wenn wir keine neue gesellschaftliche Realität schaffen, die eine gänzlich andere Art zu leben vorsieht, sind wir verloren. Alles muss sich ändern: Wir brauchen andere Beziehungen zwischen Wirtschaft und Gesellschaft, zwischen Produktion und Reproduktion, andere Beziehungen zur Natur, andere Formen von öffentlichen Gütern und der Organisation von Care.«[75]

74 Harbach: Wirtschaft ohne Markt, S. 154.

75 Fraser: Mit öffentlichem Luxus gegen den Allesfresser, S. 14.

Die »große Wiederaneignung« kann nicht darin bestehen, eine fertige Lösung zu einem bestimmten Zeitpunkt einzuführen, da solche Lösungen aufgrund der Eigensinnigkeit und Kontingenz geschichtlicher Entwicklung gar nicht vorhersagbar sind. Im Rahmen von sukzessiven Veränderungen müssen immer wieder vorläufige Arrangements ausgehandelt werden. In diesem Sinne geht es um einen steten Lernprozess.[76] Wie in einem solchen Prozess Entscheidungen getroffen werden, welche herrschaftsfreien Aushandlungsmechanismen es geben könnte, wie die Herausbildung neuer Machtzusammenballungen verhindert werden könnte, wie Partizipation ausbuchstabiert werden würde, welche Schritte als nächstes notwendig wären – all das muss immer wieder neu diskutiert und neu untersucht werden. Bislang verbleibt das Gros jener Überlegungen, die sich einer alternativen, postwachstumsorientierten Vergesellschaftungsform widmen, innerhalb der herrschenden Paradigmen befangen: Historisch-spezifische soziale Formen wie Ware und Geld werden als unveränderbar angesehen, sie werden faktisch naturalisiert. Auf dieser Grundlage werden dann solche Fragen formuliert, deren Antworten den Weg zu einer postkapitalistischen Transformation eher erschweren oder gar versperren. Hier wäre eine Öffnung der Diskussion notwendig.

Nun wird es nicht ausreichen, solche Debatten im akademisch-universitären Bereich zu führen. Eine umfassende gesellschaftliche Veränderung hin zur »großen Wiederaneignung« hat nur eine Chance, wenn sie von einem breiten Bündnis mit Aktiven aus den sozialen Bewegungen, mit Fabrikarbeitern, Ingenieurinnen, Krankenpflegern, Barkee-

76 Dies ist ganz im Sinne von Erik Olin Wright zu verstehen, der verschiedene Formen alternativen Wirtschaftens und demokratischer Beteiligung untersucht hat. Zu den »real-utopischen Innovationen und Entwürfen« gehören unterschiedliche Formen demokratischer Teilhabe an staatlichem Handeln (z. B. die partizipative städtische Haushaltsplanung in Porto Alegre), verschiedene Projekte alternativen Wirtschaftens (z. B. nicht-profitorientierte Unternehmungen wie etwa Wikipedia oder die sozialwirtschaftliche Kinder- und Altenpflege in Quebec), das bedingungslose Grundeinkommen, selbstverwaltete Arbeiter-Kooperativen und anderes mehr. Wright versteht alle diese Praxisformen nicht schon als Lösung, sondern als Teil verschiedener möglicher Entwicklungspfade und zugleich als Lernort. Vgl. Erik Olin Wright: Reale Utopien. Wege aus dem Kapitalismus, Berlin 2017.

pern, alleinerziehenden Müttern, Rentnern, Wissenschaftlerinnen, Taxifahrern, Bürgergeldempfängerinnen – also Menschen aus allen Bereichen des alltäglichen Lebens und Überlebens, getragen wird. Es müsste dabei auch diskutiert werden, wie den sozialen und ökologischen Zumutungen, die der Kapitalismus mit sich bringt, durch verschiedene Strategien der Vergesellschaftung begegnet werden kann, wie die Potenziale einer klimaschützenden und alle Menschen integrierenden Produktionsweise genutzt werden können.

Bei den Privatisierungen der letzten Jahrzehnte haben sich die Beziehungen der Menschen untereinander und bezogen auf das, was da privatisiert werden sollte, grundlegend verändern müssen (s.o., S. 30–35). Diese Prozesse waren nicht nur von Weiterbildungs- und Umschulungsmaßnahmen der betroffenen Beschäftigten begleitet, sondern auch von einem Narrativ, das die Privatisierungen mit größerer Effizienz und Sparsamkeit legitimierte. Der Weg zu einer »großen Wiederaneignung« mittels der hier grob skizzierten Transformation wäre »methodisch« ähnlich, allerdings mit inhaltlich diametral entgegengesetzten Zielen: Es ginge um die Einführung einer neuen Handlungslogik, um die Welt *für alle* lebenswerter zu machen, sie überhaupt für alle *bewohnbar* zu halten. Damit einherginge die Delegitimation des Privateigentums an Produktionsmitteln. Was Marx für das Grundeigentum formuliert hat, gilt auch für das Privateigentum an Produktionsmitteln: »Vom Standpunkt einer höhern ökonomischen Gesellschaftsformation wird das Privateigentum einzelner Individuen am Erdball ganz so abgeschmackt erscheinen wie das Privateigentum eines Menschen an einem andern Menschen. Selbst eine ganze Gesellschaft, eine Nation, ja alle gleichzeitigen Gesellschaften zusammengenommen, sind nicht Eigentümer der Erde. Sie sind nur ihre Besitzer, ihre Nutznießer, und haben sie [...] den nachfolgenden Generationen verbessert zu hinterlassen.«[77]

Das Versprechen des Privateigentums ist allerdings wirkmächtig und suggeriert: Der Markt regelt, was wir ansonsten

77 Marx: Kapital III, MEW, Bd. 25, S. 784.

selbst und im Zweifel konfliktiv und aufwendig aushandeln müssten, nämlich wie viel und für wie viele etwas produziert und wie es verteilt werden soll. Auch dass in einer kapitalistischen Marktwirtschaft jeder die Freiheit hat, sich im Wettlauf um Jobs, Geld und dem Überleben zu bewähren, bei Strafe des Untergangs, übt auf viele Menschen nicht nur Druck, sondern auch einen Reiz aus. Aus der Perspektive eines »Jeder ist seines Glückes Schmied« ist der Markt, der Menschen in verwertbar und nicht-verwertbar selektiert, nicht nur naturnotwendig, er gibt maximale Autonomie. Aus dieser Handlungsstruktur entsteht allerdings ein feindlicher Konkurrenz-Individualismus, der insbesondere in Krisenzeiten rechtsextreme, völkische Weltanschauungen befördern kann.[78]

Wir müssen dem Versprechen des Privateigentums das Versprechen der Vergesellschaftung entgegensetzen. Aber was wäre das? Vor allem ist aufzuzeigen, wie nach dem Ende einer auf Konkurrenz und Profit ausgerichteten Produktionsweise mit ihrem Mensch und Natur zerstörenden Wachstumszwang ein besseres Leben möglich wäre. Die Abschaffung dieses Zwangs wäre auf gesamtgesellschaftlicher Ebene bereits ein Gewinn an Freiheit. Auf individueller Ebene würde eine unmittelbar kooperative Vergesellschaftung bedeuten, dass die Menschen nicht mehr aus dem sozioökonomischen Gesamtzusammenhang herausfallen können, da sie als Mitglied des Gemeinwesens unmittelbar Zugang haben zu den

78 Individuen, die sich den neoliberalen Leitbildern angepasst haben – u. a. mit starker Wettbewerbsorientierung, Leistungsethos, Flexibilität etc. – und die glaubten, sich auf diese Weise absichern zu können, die aber zugleich angesichts der Krisen der letzten Jahre von Abstiegsängsten geplagt sind, werden im Forschungsdesign der Mitte-Studie zur Gruppe der »Entsichert Marktförmigen« gezählt. In dieser Kategorie finden sich besonders häufig Personen, die sich als rechts oder eher rechts einordnen würden. Hier entlädt sich Frust und Groll gegenüber als »fremd« markierten Gruppen sowie gegen Gruppen, »die aus einer verallgemeinerten Kosten-Nutzen-Logik« abgewertet werden: »Hierunter fällt die Abwertung von armen, wohnungslosen oder langzeitarbeitslosen Menschen – das heißt jener vulnerablen Gruppen, die als ›wirtschaftlich‹ unprofitabel oder gar als ›nutzlos‹ stigmatisiert werden. [...] Klar überdurchschnittlich ist hier zudem die Verbreitung rechtsextremer Einstellungen.« (Eva Groß/Andreas Hövermann/Amelie Nickel: Entsicherte Marktförmigkeit als Treiber eines libertären Autoritarismus, in: Beate Küpper/Nico Mokros/Andreas Zick [Hrsg.]: Die distanzierte Mitte. Rechtsextreme und demokratiegefährdende Einstellungen in Deutschland 2022/2023, Bonn 2023, S. 254)

gesellschaftlich produzierten Gütern und Dienstleistungen. Das würde Existenzangst ebenso obsolet machen wie Angst vor Altersarmut oder Angst vor der Zukunft. Nun ist die Abwesenheit von Angst auch eine Umschreibung für das Gefühl von Sicherheit. Und das Gefühl von Sicherheit, im Sinne von Aufgehoben-Sein, von Versorgt-Sein, ist Voraussetzung für die Freiheit, Sinnvolles tun zu können, Voraussetzung für freie Selbstentfaltung.

In einer unmittelbar kooperativen Ökonomie würden alle am gesellschaftlichen Produktions- und Reproduktionsprozess teilnehmen und teilhaben können. Für die Art, wie sie dies jeweils tun, würde dann gelten können: jedem nach seinem Bedürfnis und jede nach ihren Fähigkeiten.[79] Gerade weil Menschen sehr unterschiedlich sind in dem, was sie wie beitragen können zur gesellschaftlichen Gesamtarbeit, ist es wichtig, dass sie nicht alle mit dem gleichen Maßstab daran gemessen werden, wie viel, wie lange, wie ausdauernd oder wie leidenschaftlich sie arbeiten können, um dann jene zu bestrafen, die in der Konkurrenz scheitern. Die Individualität der Menschen wird gerade im Kapitalismus unter gleiches Maß gezwungen: Alle sind gleich darin, ihre Arbeitskraft zu verkaufen, alle können potenziell Eigentümer werden, wenn sie nur entsprechend viel leisten und sich anstrengen – so das Versprechen. In einer unmittelbar kooperativen Ökonomie bestünde die »Gleichheit« darin, dass alle gleichermaßen ihrer Ungleichheit entsprechend tätig sein können, ohne dass jene, die aus welchen Gründen auch immer nicht so viel oder nur das eine oder nicht so lange etwas tun können, weniger aus dem gesamtgesellschaftlich produzierten Reichtum erhalten würden.

Wenn die Menschen »dem Markt« sukzessive alle Bereiche der privatnützigen und staatlichen Produktion abtrotzen, um sie zu vergesellschaften, bedeutet das nichts anderes, als dass sie sich nicht mehr als warenproduzierende und -tauschende Subjekte aufeinander beziehen, sondern als bedürfnisorien-

79 Marx: Kritik der Gothaer Programms, MEW, Bd. 19, S. 21.

tiert produzierende und konsumierende, als entscheidende, aushandelnde, streitende, eigensinnige Subjekte.

Ob die Menschen im Verlauf einer Transformation ihre unmittelbar kooperativen Beziehungen mehr schätzen als das, was sie bislang kannten, ob sie den Auseinandersetzungen gewachsen sind, die sich daraus ergeben, ob sie sich den Anstrengungen einer demokratischen Aushandlung stellen wollen – all das ist nicht ausgemacht. Eine gänzlich konfliktfreie Gesellschaft ist kaum zu erwarten. Das Sich-neu-aufeinander-Beziehen entspringt keinem moralischen Anspruch an die Menschen, besser, verbundener, freundlicher, vernünftiger etc. miteinander umzugehen. Vielmehr ergibt es sich aus der Tatsache, dass die herkömmlichen, einstudierten Beziehungsweisen obsolet werden und durch andere ersetzt werden müssen. Daraus folgt zwar nicht zwangsläufig, dass dies nur solidarische Menschen machen können oder dass eine solche Praxis automatisch solidarische Menschen hervorbringen wird (zumal die kapitalistische Sozialisation den Individuen spezifische Verhaltensmuster eingeschrieben hat, die in diese neuen Beziehungspraktiken einfließen). Was aber daraus folgt, ist, dass in einer unmittelbar kooperativen Vergesellschaftung die *Voraussetzungen* für solidarische Beziehungen sehr viel eher gegeben sind als in einer Konkurrenzgesellschaft. Viel wahrscheinlicher als die im 20. Jahrhundert zusammengebrochenen autoritären staatssozialistischen Systeme könnte eine solche Produktionsweise die Basis einer »höheren Gesellschaftsform« abgeben, »deren Grundprinzip die volle und freie Entwicklung jedes Individuums ist«, die Marx im »Kapital« als Ziel anvisierte.[80]

80 Marx: Kapital I, MEW, Bd. 23, S. 618.

Literatur

Abelshauser, Werner: Deutsche Wirtschaftsgeschichte seit 1945, Bonn 2005.

Adamczak, Bini: Beziehungsweise Revolution. 1917, 1968 und kommende, Berlin 2017.

Adamczak, Bini: Die Dinge, die Menschen, die menschlichen Dinge, in: OXI 7/2019, S. 6.

Adamczak, Bini: Keynote auf der Vergesellschaftungskonferenz in Berlin, Oktober 2022, https://www.youtube.com/watch?v=tRdeHobtgCo, ab Minute 53:40.

Altvater, Elmar: Kapitalozän. Der Kapitalismus schreibt Erdgeschichte, in: Zeitschrift LuXemburg 2–3/2017, S. 108–117.

Altvater, Elmar: Staat und gesellschaftliche Reproduktion. Anmerkungen zur Diskussion um den Planstaat, in: Volkhard Brandes/Jürgen Hoffmann/Ulrich Jürgens/Willi Semmler (Hrsg.): Staat. Handbuch, Bd. 5., Frankfurt a. M. 1977, S. 74–118.

Aristoteles: Politik. Buch II und Buch III, übers. und erl. von Eckart Schütrumpf, in: Aristoteles: Werke, Bd. 9.2, Berlin 1991.

Arndt, Andreas: Das Reich der Freiheit, in Andreas Arndt: Hegel in Marx. Studien zur dialektischen Kritik und zur Theorie der Befreiung, Berlin 2023, S. 163–175.

»Artikel 15 ist ein Verfassungsfossil«, Interview von Christian Rath mit Marco Buschmann (FDP), in: Legal Tribune Online, 9.5.2019.

Bangel, Christian: Franziska Giffey. Die Sauberfrau, in: Die Zeit, 22.9.2021.

Banhierl, Lemon/Justus Henze/Vincent Janz/Lukas Warning/Maximilian Wilken: Öffentlicher Luxus. Eine verheißungsvolle Zukunft, in: communia & BUND Jugend (Hrsg.): Öffentlicher Luxus, Berlin 2023, S. 18–39.

Behrens, Fritz: Kurze Bemerkungen zum Prager Frühling, in: Wladislaw Hedeler/Mario Keßler (Hrsg.): Reformen und Reformer im Kommunismus. Für Theodor Bergmann. Eine Würdigung, Hamburg 2015, S. 53–57.

Berfelde, Rabea/Philipp Möller: Radikaldemokratische Planung der Wohnraumversorgung? Das Vergesellschaftungskonzept von »Deutsche Wohnen & Co. enteignen«, in: Prokla. Zeitschrift für kritische Sozialwissenschaft 212, 3/2023, S. 561–577.

Beykirch, Michael: Produktionsverhältnisse und Produktionsweise als Kategorien zur Untersuchung postkapitalistischer Alternativen. Eine Illustration am Beispiel der solidarischen Landwirtschaft, in: Marcus Hawel/Sara Khorshidi (Hrsg.): Doktorand*innen-Jahrbuch 2022. Work in Progress, Hamburg 2022, S. 91–104.

Beyme, Klaus von: Die vergleichende Politikwissenschaft und der Paradigmenwechsel in der Politischen Theorie, in: Politische Vierteljahresschrift 2/1990, S. 457–474.

Blumenfeld, Jacob: Was war Sozialisierung?, in: Niklas Angebauer/Jacob Blumenfeld/Tilo Wesche (Hrsg.): Umkämpftes Eigentum, Frankfurt 2025.

Bockelmann, Eske: Geld. Was es ist, das uns beherrscht, Berlin 2020.

Bollier, David/Helfrich, Silke: Frei, fair und lebendig. Die Macht der Commons, Bielefeld 2019.

Braeg, Dieter/Ralf Hoffrogge (Hrsg.): Allgemeiner Kongress der Arbeiter- und Soldatenräte Deutschlands. 16.–20. Dezember 1918 Berlin – Stenografische Berichte, Berlin 2018.

Brand, Ulrich/Markus Wissen: Kapitalismus am Limit. Öko-imperiale Spannungen, umkämpfte Krisenpolitik und solidarische Perspektiven, München 2024.

Brangsch, Lutz: Räume des Lernens, in: OXI 7/2019, S. 14–15.

Brocker, Manfred: Arbeit und Eigentum. Der Paradigmenwechsel in der neuzeitlichen Eigentumstheorie, Darmstadt 1992.

Brückner, Martin Lars: Sozialisierung in Deutschland. Verfassungsgeschichtliche Entwicklung und ihre Hintergründe, München 2013.

Bundesfinanzministerium: Privatisierungs- und Beteiligungspolitik, [o. J.], www.bundesfinanzministerium.de.

Butollo, Florian/Sabine Nuss (Hrsg.): Marx und die Roboter. Vernetzte Produktion, Künstliche Intelligenz und lebendige Arbeit, Berlin 2019.

Chancel, Lucas/Thomas Piketty/Emmanuel Saez/Gabriel Zucman (Hrsg.): World Inequality Report 2022, World Inequality Lab wir2022.wid.world.

Chancel, Lucas/Thomas Piketty/Emmanuel Saez/Gabriel Zucman (Hrsg.): Bericht zur weltweiten Ungleichheit, Kurzfassung Deutsch von: World Inequality Report 2022, World Inequality Lab wir2022.wid.world.

Coontz, Stephanie: Die Entstehung des Privaten. Amerikanisches Familienleben vom 17. bis zum ausgehenden 19. Jahrhundert, Münster 1994.

De Soto, Hernando: Freiheit für das Kapital. Warum der Kapitalismus nicht weltweit funktioniert, Berlin 2002.

Demirović, Alex: Rätedemokratie oder das Ende der Politik, in: Prokla. Zeitschrift für kritische Sozialwissenschaft 155, 2/2009, S. 181–206.

Deutsche Bundesbank: Vermögen und Finanzen privater Haushalte in Deutschland: Ergebnisse der Vermögensbefragung 2017, Monatsbericht 4/2019.

Deutsche Bundesbank: Vermögen und Finanzen privater Haushalte in Deutschland: Ergebnisse der Vermögensbefragung 2021, Monatsbericht 4/2023.

Deutsche Wohnen & Co enteignen (Hrsg.): Wie Vergesellschaftung gelingt. Zum Stand der Debatte, Berlin 2022.

Deutsche Wohnen & Co enteignen (Hrsg.): Gemeingut Wohnen. Eine Anstalt öffentlichen Rechts für Berlins vergesellschaftete Wohnungsbestände, Berlin 2023.

Dietrich, Gerd: Kulturgeschichte der DDR, Bd. III: Kultur in der Konsumgesellschaft 1977–1990, Bonn 2019.

Don Alphonso: Wer Enteignung sagt, muss auch Gulag sagen, in: Die Welt, 12.4.2019.

Eigentum darf nicht infrage stehen, in: Die Zeit, 9.5.2019.

Engartner, Tim: Staat im Ausverkauf. Privatisierung in Deutschland, Frankfurt a. M. 2016.

Enquete-Kommission »Wachstum, Wohlstand, Lebensqualität – Wege zu nachhaltigem Wirtschaften und gesellschaftlichem Fortschritt in der sozialen Marktwirtschaft«: Schlussbericht, Bonn 2013.

Expertenkommission zum Volksentscheid: Vergesellschaftung großer Wohnungsunternehmen. Abschlussbericht, Juni 2023, Berlin 2023.

Fisahn, Andreas: Kräfteverhältnisse und Klassenkompromiss. Was das Grundgesetz zu Eigentum, Enteignung und Verfügungsgewalt über Produktionsmittel sagt, in: OXI 7/2019, S. 10.

Fraser, Nancy: Mit öffentlichem Luxus gegen den Allesfresser, in: Öffentlicher Luxus. Eine verheißungsvolle Zukunft, hrsg. von communia & BUND Jugend, Berlin 2023, S. 6–17.

Freiß, Georg: Eigentumsverhältnisse sind antastbar. Über die mögliche Vergesellschaftung von RWE, in: Verfassungsblog, 26.1.2023.

Fuhrmann, Uwe: Die Entstehung der »Sozialen Marktwirtschaft« 1948/49. Eine historische Dispositivanalyse, Konstanz/München 2017.

Fukuyama, Francis: The End of History?, in: The National Interest 16, 1989, S. 3–18.

Gey, Peter: Der Begriff des Eigentums bei Karl Marx. Zur Kritik des klassischen Eigentum-Paradigmas in der Theorie von Locke, Smith und Hegel, Frankfurt a. M. 1980.

Gorbatschow, Michail: Perestroika, München 1989.

Gorz, André: Das Ende der Politik der Vollbeschäftigung, in: Technologie und Politik. Das Magazin zur Wachstumskrise 15, Hamburg 1980, S. 8–28.

Groß, Eva/Andreas Hövermann/Amelie Nickel: Entsicherte Marktförmigkeit als Treiber eines libertären Autoritarismus, in: Beate Küpper/Nico Mokros/Andreas Zick (Hrsg.): Die distanzierte Mitte. Rechtsextreme und demokratiegefährdende Einstellungen in Deutschland 2022/2023, Bonn 2023, S. 243–258.

Habermann, Friederike: Halbinseln gegen den Strom: Anders leben und wirtschaften im Alltag, Roßdorf 2009.

Hamade, Houssam/Christoph Sorg: Die smarte Planwirtschaft, in: Die Zeit, 15.6.2023.

Handschuhmacher, Thomas: Was soll und kann der Staat noch leisten? Eine politische Geschichte der Privatisierung in der Bundesrepublik 1949–1989, Göttingen 2018

Harbach, Heinrich: Wirtschaft ohne Markt. Transformationsbedingungen für ein neues System der gesellschaftlichen Arbeit, Berlin 2001.

Hedeler, Wladislaw/Mario Keßler (Hrsg.): Reformen und Reformer im Kommunismus. Für Theodor Bergmann. Eine Würdigung, Hamburg 2015.

Heeg, Susanne: Wohnungen als Finanzanlage. Auswirkungen von Responsibilisierung und Finanzialisierung im Bereich des Wohnens, in: sub\urban 1/2013, S. 75–99.

Heinrich, Michael: Geschichtsphilosophie bei Marx, in: Beiträge zur Marx-Engels-Forschung. Neue Folge, Berlin 1996, S. 62–72.

Heinrich, Michael: Kritik der Politischen Ökonomie. Eine Einführung, Stuttgart 2021.

Herrmann, Ulrike: Das Ende des Kapitalismus: Warum Wachstum und Klimaschutz nicht vereinbar sind – und wie wir in Zukunft leben werden, Köln 2022.

Hoffrogge, Ralf: Gemeineigentum als Krisenlösung. Die IG Metall und die Bewegung zur Vergesellschaftung der Stahlindustrie 1980–1987, in: Zeitschrift für Geschichtswissenschaft 9/2023, S. 738–759.

Hoffrogge, Ralf: Nie wirklich weg. Fünf Formen von Gemeineigentum in der Geschichte und ihre Bedeutung für das Ringen um Vergesellschaftung heute, in: Arbeit–Bewegung–Geschichte 1/2024, S. 10–33.

Hoffrogge, Ralf: Reich, Räte und Republik – die stenografischen Berichte des ersten Reichsrätekongresses 1918, in: Dieter Braeg/Ralf Hoffrogge (Hrsg.): Allgemeiner Kongress der Arbeiter- und Soldatenräte Deutschlands. 16.–20. Dezember 1918 Berlin – Stenografische Berichte, Berlin 2018, S. 7–27.

Hoffrogge, Ralf: Vergesellschaftung von Wohnraum – Die Initiative »Deutsche Wohnen & Co Enteignen« und ihr Volksentscheid, in: Hermann K. Heußner/Arne Pautsch/Frank Rehmet/Lukas Kiepe (Hrsg.): Mehr direkte Demokratie wagen. Volksentscheid und Bürgerentscheid: Geschichte – Praxis – Vorschläge, 4. Aufl., Reinbek 2024, S. 297–307.

Hoffrogge, Ralf/Stephan Junker: Vergesellschaftung von Wohraum. Vom Schlagwort zur Umsetzung, in: Deutsche Wohnen & Co enteignen: Wie Vergesellschaftung gelingt, S. 28–39.

Kaufmann, Stephan: Geld allein macht nicht glücklich. Mythen und Irrtümer zum Reichtum, luxemburg argumente, hrsg. von der Rosa-Luxemburg-Stiftung, Berlin 2023.

Kirchheimer, Otto: Eigentumsgarantie in Reichsverfassung und Rechtsprechung, in: Otto Kirchheimer: Funktionen des Staates und der Verfassung. Zehn Analysen, Frankfurt a. M. 1972.

Klauke, Sebastian: Zur linken Rezeptionsgeschichte von Gemeinschaft und Gesellschaft, in: Cornelius Bickel/Sebastian Klauke (Hrsg.): Ferdinand Tönnies und die Soziologie- und Geistesgeschichte, Wiesbaden 2022, S. 69–102.

Klein, Dieter: Regulation in einer solidarischen Gesellschaft, Hamburg 2022.

Klopotek, Felix: Rätekommunismus, Stuttgart 2021.

Koch, Heiner: Vergesellschaftung als Entprivatisierung, in: Zeitschrift für politische Theorie, 2/2024.

Korsch, Karl: Was ist Sozialisierung?, in: Praktischer Sozialismus. Eine Schriftenreihe hrsg. von Karl Korsch, Nr. 7, Jena 1921, S. 4–37.

Kuchenbuch, Ludolf: Versilberte Verhältnisse. Der Denar in seiner ersten Epoche, Göttingen 2016.

Kuczynski, Thomas: Fritz Behrens und seine rätekommunistische Kritik sozialistischer Reform, in: Wladislaw Hedeler/Mario Keßler (Hrsg.): Reformen und Reformer im Kommunismus. Für Theodor Bergmann. Eine Würdigung, Hamburg 2015, S. 36–52.

Kuda, F. Rudolf/Dieter Schneider: Mitbestimmung. Weg zur industriellen Demokratie?, München 1969.

Kühn, Timm: Enteignung unter Schwarz-Rot in Berlin, in: tageszeitung, 4.3.2023, https://taz.de/Enteignung-unter-Schwarz-Rot-in-Berlin/!5919640/.

Künzli, Arnold: Mein und Dein. Zur Ideengeschichte der Eigentumsfeindschaft, Köln 1986.

Kusiak, Joanna: Vergesellschaftung: gesetzmäßig, günstig, gut. Initiativen wie «Deutsche Wohnen & Co enteignen» in Berlin stehen in bester demokratischer Rechtstradition, Standpunkte 12/2020, hrsg. von der Rosa-Luxemburg-Stiftung, Berlin 2020.

Landa, Ishay: Der Lehrling und sein Meister. Liberale Tradition und Faschismus, Berlin 2021.

Lebuhn, Henrik/Marieke Prey: Wenn die Marktlogik trotzdem wirkt. Eine einfache Gegenüberstellung von »privatem« und »öffentlichem« Eigentum greift zu kurz, in: OXI 7/2019, S. 11–12.

Locke, John: Zwei Abhandlungen über die Regierung, Frankfurt a. M. 1998.

Ludwig-Erhard-Stiftung: Wirtschaftspolitik für die Soziale Marktwirtschaft der Zukunft, Bonn, 24.7.2018.

Lutosch, Heide: Wenn das Baby schreit, dann möchte man doch hingehen, in: Communaut.org, 30.4.2022.

Luxemburg, Rosa: Zur russischen Revolution, in: Rosa Luxemburg: Gesammelte Werke, Bd. 4, Berlin 1970, S. 332–365.

Maissen, Thomas: Eigentümer oder Bürger? Haushalt, Wirtschaft und Politik im antiken Athen und bei Aristoteles, in: Martin Held/Hans-Gerd Nutzinger (Hrsg.): Eigentumsrechte verpflichten: Individuum, Gesellschaft und die Institution Eigentum, Frankfurt a. M. 1998, S. 65–83.

Marx, Karl/Friedrich Engels: Werke, Berlin 1956 ff. [MEW]. [Darin]

Karl Marx/Friedrich Engels: Manifest der Kommunistischen Partei, in: MEW, Bd. 4, S. 459–493.

Karl Marx: Zur Kritik der Politischen Ökonomie, in: MEW, Bd. 13, S. 3–160.

Karl Marx: Kritik des Gothaer Programms, in: MEW, Bd. 19, S. 11–32.

Friedrich Engels: Herrn Eugen Dührings Umwälzung der Wissenschaft (Anti-Dühring), in: MEW, Bd. 20, S. 5–303.

Karl Marx: Das Kapital. Erster Band, MEW, Bd. 23.

Karl Marx: Das Kapital. Zweiter Band, MEW, Bd. 24.

Karl Marx: Das Kapital. Dritter Band, MEW, Bd. 25.

Karl Marx: Grundrisse der Kritik der politischen Ökonomie, MEW, Bd. 42.

Mau, Søren: Stummer Zwang. Eine marxistische Analyse der ökonomischen Macht im Kapitalismus, Berlin 2022.

Mauntz, Theodor/Günter Dürig (Hrsg.): Kommentar zum Grundgesetz, München, Loseblattsammlung, 90. Ergänzungslieferung, Stand: Februar 2020.

Mauss, Marcel: Die Gabe. Form und Funktion des Austausches in archaischen Gesellschaften, Frankfurt a. M. 1990.

McNally, David: Blut und Geld. Krieg, Sklaverei, Finanzwesen und Empire, Berlin 2023.

Meretz, Stefan/Simon Sutterlütti: Kapitalismus aufheben. Eine Einladung, über Utopie und Transformation neu nachzudenken, Hamburg 2018.

Milios, Jannis: Eine zufällige Begegnung in Venedig. Die Entstehung des Kapitalismus als Gesellschaftssystem, Berlin 2021.

Mohammed, Samia: Zukunft jenseits des Marktes. Demokratie und gesellschaftliche Naturverhältnisse in sozialistischen Utopien, Baden-Baden 2023.

Neurath, Otto: Vollsozialisierung und gemeinschaftliche Anstalten, in: Der Kampf. Sozialdemokratische Monatsschrift 2/1922, S. 54–60.

North, Douglass: Institutionen, institutioneller Wandel und Wirtschaftsleistung, Tübingen 1992.

North, Douglass: Theorie des institutionellen Wandels. Eine neue Sicht der Wirtschaftsgeschichte, Tübingen 1988.

Novy, Klaus: Strategien der Sozialisierung, Die Diskussion der Wirtschaftsreform in der Weimarer Republik, Frankfurt a. M. 1978.

Nuss, Sabine: Abschlussbericht. Vergesellschaftung großer Wohnungsunternehmen möglich – Artikel 15 lebt!, in: Der Freitag, 27/2023.

Nuss, Sabine: Copyright & Copyriot. Aneignungskonflikte um Geistiges Eigentum im informationellen Kapitalismus, Münster 2006.

Nuss, Sabine: Keine Enteignung ist auch keine Lösung. Die große Wiederaneignung und das vergiftete Versprechen des Privateigentums, Berlin 2019.

Ostrom, Elinor: Die Verfassung der Allmende. Jenseits von Staat und Markt, Tübingen 1999.

Paschukanis, Eugen: Allgemeine Rechtslehre und Marxismus. Versuch einer Kritik der juristischen Grundbegriffe, Freiburg 2003.

Phillips, Leigh/Michal Rozworski: The People's Republic of Walmart. How the World's Biggest Corporations are Laying the Foundation for Socialism, London 2019.

Pichl, Maximilian: Verfassungspositionen verteidigen. Gedanken zur Debatte um die Vergesellschaftung von Wohneigentum, Verfassungsblog, 15.4.2019.

Plehwe, Dieter/Bernhard Welpen: Wissenschaftliche und wissenschaftspolitische Produktionsweisen im Neoliberalismus. Beiträge der Mont Pelerin Society und marktradikaler Think Tanks zur Hegemoniegewinnung und -erhaltung, in: Prokla. Zeitschrift für kritische Sozialwissenschaft 115, 2/1999, S. 203–235.

Polanyi, Karl: Ökonomie und Gesellschaft, Frankfurt a. M. 1979.

Polanyi, Karl: The Great Transformation. Politische und ökonomische Ursprünge von Gesellschaften und Wirtschaftssystemen, Frankfurt a. M. 1997.

Politische Ökonomie des Kapitalismus und des Sozialismus. Lehrbuch für das marxistisch-leninistische Grundlagenstudium, Berlin 1976.

Redecker, Eva von: Bleibefreiheit, Frankfurt a. M. 2023.

Redecker, Eva von: Revolution für das Leben. Philosophie der neuen Protestformen, Frankfurt a. M. 2020.

Reitz, Tilman/Sebastian Sevignani/Marlen van den Ecker: Eigentum im digitalen Kapitalismus, in: Tanja Carstensen/Simon Schaupp/Sebastian Sevignani (Hrsg.): Theorien des digitalen Kapitalismus. Arbeit und Ökonomie, Politik und Subjekt, Berlin 2023.

Rifkin, Jeremy: Access. Das Verschwinden des Eigentums. Warum wir weniger besitzen und mehr ausgeben werden, Frankfurt a. M. 2000.

Rittstieg, Helmut: Eigentum als Verfassungsproblem. Zu Geschichte und Gegenwart des bürgerlichen Verfassungsstaates, Darmstadt 1975.

Rosa-Luxemburg-Stiftung: Wohnen ist ein Menschenrecht, Online-Dossier, Berlin 2019, www.rosalux.de/dossiers/ wohnen-ist-ein-menschenrecht.

Ruben, Peter: Was ist Kommunismus?, in: Peter Ruben: Philosophische Schriften, Online-Edition peter-ruben.de, hrsg. von Ulrich Hedtke und Camilla Warnke, Berlin 2011.

Saito, Kohei: Systemsturz. Der Sieg der Natur über den Kapitalismus, München 2023.

Saslawskaja, Tatjana: Die Gorbatschow-Strategie, Wien 1989.

Schaupp, Simon: Stoffwechselpolitik. Arbeit, Natur und die Zukunft des Planeten, Frankfurt a. M. 2024.

Schlaudt, Oliver: Lenin, Castro, Bezos? Die Idee des »Cybersozialismus« im Licht historischer Planungsdebatten, in: Timo Daum/Sabine Nuss: Die unsichtbare Hand des Plans, Berlin 2021, S. 40–52.

Schmidt, Christopher: Vergesellschaftung, Sozialisierung, Gemeinwirtschaft. Transformationspfade in eine andere Gesellschaft, Münster 2023.

Schmidt, Eberhard: Die verhinderte Neuordnung 1945–1952. Zur Auseinandersetzung um die Demokratisierung der Wirtschaft in den westlichen Besatzungszonen und in der Bundesrepublik Deutschland, Frankfurt a. M. 1977.

Schreiber, Klaus: Die Besitzformen, in: Jura 7/2012, S. 514–516.

Schwab, Dieter: Eigentum, in: Otto Brunner/Werner Conze/ Reinhart Koselleck (Hrsg.): Geschichtliche Grundbegriffe. Historisches Lexikon zur politisch-sozialen Sprache in Deutschland, Bd. 2: E–G, Stuttgart 1975, S. 65–115.

Schwägerl, Christian: Keine Epoche für die Menschheit. Verändern wir Menschen die Erde so massiv, dass eine neue Erdepoche angebrochen ist? Darüber streiten Geologen seit Jahren. Doch der Vorschlag ist nun überraschend gescheitert, in: Spektrum der Wissenschaft, 6.3.2024, https://www.spektrum.de/news/geologen-lehnen-neues-erdzeitalter-anthropozaen-ueberraschend-ab/2210153.

Sinzheimer, Hugo: Berichterstattung. Verfassungsgebende deutsche Nationalversammlung, 35. Sitzung des Verfassungsausschusses, 2.6.1919, in: Reichstagsprotokolle, 1919/20,11, Bayerische Staatsbibliothek, https://www.reichstagsprotokolle.de/Blatt2_wv_bsb00000020_00395.html, S. 393–396.

Steffen, Olaf: Die Einführung des Kapitalismus in Rußland. Ursachen, Programme und Krise der Transformationspolitik, Hamburg 1997.

Stoll, Niklas: Vergesellschaftung als Transformationsstrategie. »Deutsche Wohnen & Co. enteignen« im diskursiven und politischen Kontext, in: Prokla. Zeitschrift für kritische Sozialwissenschaft 209, 4/2022, S. 631–648.

Stupka, Jenny: Die politisch-strategischen und theoretischen Potenziale von Vergesellschaftung, in: Organisationsteam Vergesellschaftungskonferenz (Hrsg.): Neue Energie für Vergesellschaftung für neue Energie. Vergesellschaftungsperspektiven im Energiesektor. Broschüre zur Vergesellschaftungskonferenz 2022, Berlin 2022, S. 12–17.

Stützle, Ingo: »Blut- und schmutztriefend«: Der diskrete Charme der Staatsgewalt: Genese und Geltung von Eigentum und Geld, in: Prokla. Zeitschrift für kritische Sozialwissenschaft 199, 2/2020, S. 219–237.

Stützle, Ingo: Hätte, müsste, sollte – die Kritik der Neoklassik, in: OXI-Blog, 21.6.2016.

Erdüberlastungstag am 2. August. Weltbevölkerung hat Ressourcen für 2023 verbraucht, Tagesschau, 26.7.2023, https://www.tagesschau.de/inland/erdueberlastungstag-ressourcen-102.html.

Ther, Philipp: Neoliberalismus, Docupedia.de, 5.7.2016.

Tönnies, Ferdinand: Gesamtausgabe, Bd. 2: 1880–1935: Gemeinschaft und Gesellschaft, hrsg. von Bettina Clausen und Dieter Haselbach, Berlin/New York 2019.

Trapp, Manfred: Der dekretierte Markt. Die sozialistische Wirtschaftsordnung und ihre Transformation in der Sowjetunion und der Russischen Föderation 1985–1992, Baden-Baden 1994.

Weil, Felix: Sozialisierung. Versuch einer begrifflichen Grundierung nebst einer Kritik der Sozialisierungspläne, in: Praktischer Sozialismus. Eine Schriftenreihe hrsg. von Karl Korsch, Nr. 7, Jena 1921, S. 3–115.

Weissel, Erwin: Die Ohnmacht des Sieges. Arbeiterschaft und Sozialisierung nach dem ersten Weltkrieg, Wien 1976.

Wesel, Uwe: Die Entwicklung des Eigentums in früheren Gesellschaften, in: Zeitschrift für vergleichende Rechtswissenschaft 1/1982, S. 17–38.

Wesel, Uwe: Frühformen des Rechts in vorstaatlichen Gesellschaften. Umrisse einer Frühgeschichte des Rechts bei Sammlern und Jägern und akephalen Ackerbauern und Hirten, Frankfurt a.M. 1985.

Wesel, Uwe: Geschichte des Rechts: Von den Frühformen bis zum Vertrag von Maastricht, München 1997.

Wood, Ellen Meiksins: Der Ursprung des Kapitalismus. Eine Spurensuche, Hamburg 2015.

Wright, Erik Olin: Linker Antikapitalismus im 21. Jahrhundert, Hamburg 2019.

Wright, Erik Olin: Reale Utopien. Wege aus dem Kapitalismus, Berlin 2017.

Zypries, Brigitte: Das Urheberrecht muss auf technologischen Quantensprung reagieren, Festvortrag von Bundesjustizministerin Zypries bei der ALCATEL SEL-Stiftung, Stuttgart, 24.10.2003.